兄と弟の3歳 仲間の世界へ

日誌的観察記録から

麻生 武［著］
高田 明［解説］

ミネルヴァ書房

兄と弟の3歳　仲間の世界へ――日誌的観察記録から　目次

2章　自分の力を感じ始める3歳（第2期：3歳3ヶ月～3歳5ヶ月）

4章 不安と希望、脱皮し始める3歳（第4期：3歳9ヶ月〜3歳11ヶ月）

はじめに

3歳頃の記憶

あなたは3歳だった頃のことを覚えていますか。女子短大生二〇四三名に「初めての記憶」を尋ねた楠山（二〇〇四）の調査によると、「初めての記憶」は、0歳・1歳代が合わせて五五名（三パーセント弱）、2歳代が一八六名（九パーセント）、3歳代が六四八名（三二パーセント）、4歳代が四四八名（二二パーセント）、それ以上や不詳を合わせた残りが七〇六名（三五パーセント弱）でした。約半数弱の短大生が4歳になる前の記憶があると報告しています。私たちの「初めての記憶」というものは、必ずしも体験されたことがそのまま保存されたものではありません。周囲の大人から聞いたことや、自分で想像したことで、記憶は思い出す度に微妙に修正され書き換えられていくものです。それでも、感情が大きく揺さぶられたりしたことは、何度も想起され、書き換えられつつも残っていくといえるでしょう。親に不公平に扱われた記憶などは鮮明に残るようです。

ある学生は、3歳の記憶として「一つ下の弟と両親の寝室の壁にクレヨンで落書きし、とても怒られた。背の低い弟が、私のより上に描いたのを、母は私の仕業とはじめから決めつけていたのが、悔しくてしかたがなかった」と報告しています。このような「悔しさ」は本人しか分からない記憶です。それが3歳だったというのは、親からの情報によるのかもしれませんが、その時感じた「悔しさ」は本物であるように思います。

弟や妹が誕生したことも、子どもの心に深く刻まれるようです。2歳代の「初めての記憶」一八六報告のうち一七報告（九パーセント）、3歳代の「初めての記憶」六四八報告のうち四一報告（六パーセント）が、弟や妹の誕生に関連したことでした。2歳代の例としては、「弟の誕生の日、長靴にレインコートを着て、急に産気づいた母親と救急車で病院へ向かった。不安だった」といった報告や、「弟が生まれるという夜。外は大雨、家には誰もいない。泣きながら親をさがした。病院にいた。私はふとんにもぐって、夜が明けるのを待った。ひとりぼっちの怖いイメージが残った」といった報告があります。これらは、いずれも本人の視点から描かれています。3歳代の記憶もその幼い時代の衝撃をなまなましく伝えています。「病院で生まれた弟を母が抱いていた。すごいショック。弟が泣けば私を放っておいて飛んでいく。『だっこして』と言えば『お姉さんだから我慢しようね』。とうとう『弟なんかいらない』と叫んだ。母の困った顔」「弟のお産で母が入院した。祖母が家にきて面倒を見てくれたが、毎日レトルトのカレーだった」「子どもができたから、お母さんに抱きついてはいけないと言われ、ショックだった。代わりに父が遊んでくれた」「弟が生まれた晩、母が病院に行っているので寂しく、オレンジの電球のついている寝室のマットレスの上で泣いた」「弟が生まれたとき、病院に行ったが、誰も相手にしてくれなかった」「弟が生まれたが、ちょっかいを出して、よく怒られた。悲しい思い出だ」。

これらを読むと、2歳や3歳の子どもでもいろいろ複雑な思いを抱いて育っていることがよく分かります。しかし、短大生二〇四三名のうち、4歳未満の記憶をもっているものは約半数弱しかいません。また、覚えているといっても、その内容は紹介した例からも分かるようにきわめて断片的なものです。いろいろな心理ドラマがあったはずなのですが、その大半、おそらく体験された出来事の九九、九パーセント以上が忘却の闇に沈んでしまったことは間違いありません。

3歳の心を理解するために

本書は、私たちが忘れてしまっている3歳代の一年間の子どもの心の動きを描き出そうとするものです。心の動きは、子どもの表情やことばや仕草や行動に表れてきます。3歳の子どもを理解するには、その子の身近で継続してその子の生活や行動をつぶさに観察し記録する必要があります。本書の資料にしたのは、私と妻の二人の息子の3歳時代の日誌的観察記録です。私は、子どもを育てることで自分の忘れてしまった幼い日々を少しは思い出せるような気がしました。もちろん、息子たちの3歳と私の3歳が同じでないことは言うまでもありません。しかし、似ていることも少なくないはずです。というのは、「3歳代」というのは、人類史的にヒトの成長をとらえたときに一つの区切り、要となる年齢であるからです。

本書の目標は、以下に述べるように、大きく分けて二つあります。

一つ目は、「3歳代」という、きわめて重要な時期の子どもの日々の育ちを立体的に描き出すことです。2歳後半から3歳代というのは、ヒトの子どもの多くが母親の膝の上から追放され、あるいは自発的に母の膝の上から離れ、子どもたちの仲間関係の世界へ足を踏み入れ始める年齢です（ハリス、二〇〇〇）。どのように子どもたちがこの困難な課題に立ち向かっていったのか。その葛藤に満ちた苦渋の内面のドラマを生態学的に描き出した発達研究は、残念ながらほとんどありません。ただ、私の知る限り一つだけすばらしい研究があります。その研究を行ったのは、瀬地山澪子さんをはじめとするＮＨＫのテレビスタッフです。一九六七年から一九七〇年まで、3歳だった四人の子どもをテレビカメラで三年間縦断的に追跡調査し、その一部をテレビで放映したのです。それを、瀬地山さんが『三才から六才：昌和たちの世界』（一九七三）というすばらしい本にまとめ上げました。そこでは、大阪の豊中の一戸建てに住む近所同士の四人の子どもたちが、どのように仲間の世界に足を踏み入れていったかが見事に描き出されています。3歳代の四人の個性と、共通する3歳らしさがリアルに描かれています。本書が扱うのは、その約二〇年後の子どもです。私の長男が3歳になった一九八四年の五月からの一年間と、次男が3歳になった一九八七年の三月からの一年間です。長男は京都市伏見区の公団の団地で、次男は奈良市の団地で3歳代を過ごしました。瀬地山の研究とは地域も環境も時代も異なっていますが、子どもの個性や生活背景の違いを超えて通底する、「3歳の危機」（ヴィゴツキー、邦訳二〇〇二、二〇一二）を描き出すことができればと思っています。

二つ目は、第一子長男として3歳を生きることと、第二子次男として3歳を生きることの大きな違いを描き出すことです。長男が3歳になったとき、次男は0歳1ヶ月22日でした。次男が3歳になったとき、長男は5歳10ヶ月8日でした。いずれも同じ試練の3歳代とはいえ、育つ環境はおそろしく違います。この環境の違いによって、内側から育ってくる3歳という力や、3歳という制約（限界）が、どのような多様な姿を示すのか、それを描くことも目標です。

ヒトにとって3歳という年齢の意味

人類史において3歳という年齢期が、子どもにとっていかに大変な時期であったのかは、人類がまだ定住せずに狩猟採集で生活を営んでいた時代を考えればよく理解することができます。ホモ・サピエンスがほぼ二〇万年前に出現して以来、農耕が始まる約一万年前まで人類は狩猟採集で生きてきました。ホモ・サピエンス以前のホモ・エレクトゥスの時代から私たちの祖先は狩猟採集で生活しています。狩猟採集民は、定住せず獲物を追って移動し、ところどころにキャンプ地を設営し、また移動していくのがその生活の基本スタイルです。このような生活スタイルを考えると、子どものカテゴリーはまず大雑把に二分されます。キャンプ地からキャンプ地への移動の際に、大人に抱かれて移動するか、あるいは自分で歩いて行けるかの二者択一です。ヨチヨチ歩きのレベルでは後者にはなれません。また、食物摂取に関しても、母親などの母乳に全面的に依存するのか、母乳以外の大人と同種の食物の摂取で生きることができるかの二者択一です。3歳頃というのは、丁度その境目の時期だといえるでしょう。母乳摂取が散発的になれば、母親は妊娠可能になります。下の子どもができれば、母親は二人の子どもを抱いて移動することは不可能ですし、また二人に母乳を与える余裕はありません。よって、3歳頃に多くの子どもはエデンの園（母親の膝の上）から追放されることになるのです。

ブッシュマン：このことは今日でも生き残っている狩猟採集民についてのエスノグラフィー研究から理解できます。南アフリカのカラハリ砂漠に住むブッシュマンでは、生後三年間ぐらい、子どもは完全に母親の庇護のもとに育つそうです。それは、赤ん坊の周りには危険がいっぱいだからです。キャンプの移動の時だけではなく、毎日の採集の時にも母親は乳幼児を必ず抱いたりおぶったりして連れて行きます（田中、一九九四、一〇四～五頁）。野性の植物を主体とした食事は栄養バランスがとれているわけではなく離乳食としても優秀ではないので、できるだけ長く母乳が与えられます。毒蛇、毒虫、肉食獣などの危険も多く、小さな子どもを放置しておくわけにはいきません。よって、2、3歳ぐらいまでの子どもはまさしく母親の付属品といった印象をうけるそうです。このような母子の密着関係は、三年ぐらいすると、次の子どもの誕生などですっかり様子が変わります。それは、二人の子どもを同時に哺育していくことがこのような厳しい生活環境では不可能だからです。上の子はかくして、子ども同士の仲間の中に入っていくことになります。子どもは、やや年長の子どもも含んだ遊び集団の中で、一、二年もするうちにかなり自立的に行動するようになっていくとのことです（田中、一九八七、一〇二～四頁）。田中は、あっさり「一、二年もするうちに」と述べていますが、当の子どもにすれば、母親の膝と乳房から追放された「この当初の一、二年」こそが、人生最初の試練の時期であったに違いありません。母の膝から追放されたからといって、おそらくすぐに新しい仲間の世界にとけ込んでそのメンバーになれるわけではないでしょう。エデンの園（母親の膝の上）から追放された子どもたちには、おそらく想像していなかったような世界が待ち受けているはずです。子どもたちは自分と（人的かつ物的）環境との新しい関係を再構築していかなければならないのです。そのことが、おそらく「3歳の危機」と呼ばれていることの本質ではないでしょうか。

ピダハン：ブラジルのアマゾン川流域のマディラ川の支流の一つにマルロメス川があります。その支流の中でも大きいマイシ川流域に住むのがピダハンの人たちです。文化や言語が独特で、今日でも他文化を受け入れずに頑なに自分たちの狩猟採集の生活を送っています。

ここで紹介するピダハンの情報は、一九七七年から二〇〇六年までの約三〇年間、最初は伝道師兼言語学者として、最後は棄教し言語学者としてピダハンの人たちと生活を共にしたダニエル・L・エヴェレットの著書『ピダハン』（二〇一二）によります。ピダハンの親子関係は愛情深くあけっぴろげで抱き合いふれ合い笑い合ってと、とても穏やかだといいます。乳飲み子や、ヨチヨチ歩きの幼児には好き放題が許され、手放しで愛されます。乳幼児でも叱られることがあります。それはたき火の近くに行きやけどをしたときや、刃渡り二〇センチほどの包丁を振り回して怪我をしたときなどです。やけどや怪我の手当はしてもらえますが、いくら泣いても優しくはしてもらえません。自分を傷つけるという失敗をしたことを叱られるだけです。親は、危なくないように環境に配慮したり、危険を避けるように子どもに注意したりすることはありません。子どもの好き放題が許されているのです。子どもは自分で学ばなければ、その報いは自分にくるだけです。叱ってくれるのは優しさです。下の子が産まれると、母親は断乳します。すぐ上の子が3、4歳になる頃です。ピダハンの子どもにとって断乳はとてもつらいことです。理由は三つあります。一つ目は、大人にかまってもらえなくなることです。夜にはよく子どもの泣き声が聞こえるそうです。ほぼ例外なく断乳された子どもです。断乳された子どもは、母親の隣では寝かせてもらえず、両親から離れた兄弟の間で寝なくてはなりません。泣き続ける子どもを誰も構わず、みんな寝たふりをしてやり過ごすといいます。二つ目は、お腹がすくことです。断乳された子どもに、母親が手で食べ物を食べさせるようなことはありません。他のメンバーと同じように、自分で食べなければなりません。ピダハンの世界では多少の空腹は苦労のうちに数えられません。子どもは当然空腹に耐えなければなりません。しかし、その世界に初めて足を踏み入れた幼児には衝撃です。三つ目は、仕事をしなければならなくなることです。全員が村の生活に寄与しなければなりません。男の子なら二〜三年のうちに、親が畑や狩りに行っている間に、魚を釣ってこられるようにならなければなりません。「母親の膝と乳房」からの追放が、心理的な側面だけではなく、物質的な側面においても、子どもたちにとって非常に過酷なものになり得ることがピダハンの例からよく分かります。

ヘヤー・インディアン：カナダの極北部に住む狩猟採集民のヘヤー・インディアンは、部族全体の人口が三五〇人しかおらず、その人たちが日本の本州の半分ぐらいの面積の土地を、六〇ぐらいのテントに分かれて、あちこちに移動して暮らしているといいます。ここでの情報はすべて一九六二年頃へヤー・インディアンを調査した原（一九七九）によります。彼らは、生まれたばかりの赤ん坊でも大きくなった子どもでも、簡単に養子にやったり、またもらい受けたりする人たちです。子どもを粗末にしているわけではなく、育児を遊びと考え、子育てを楽しみ、テントに子どもがいることを笑いの源としてとても喜ぶ人たちです。彼らは、子ども一人ひとりをそれぞれの守護霊のもとに生きる独立した人格とみなしています。よって、5歳にもなれば、子どもが自分の意思で生みの父母のいるテントから離れ、別のテントの人たちの養子になることさえあるといいます。

　母親の膝の上から追放されるや、ブッシュマンやピダハンの子どもたちに、待ち受けているのは同年配や少し年長者からなる仲間の世界です。それらの仲間関係に支えられ、周囲の大人からいろいろ学んでいくことになるわけです。ところが、どうもヘヤー・インディアンの世界では、そのような構図が当てはまらないようなのです。一つは、最低気温がマイナス五〇度にもなる極寒の世界では、乳幼児は大人にしっかり保護されていなければ生きていけないことです。テントに子どもの人数は少なく、テントの中の大人たちはみな子どもの保護者です。しかし、過保護ではありません。ハイハイする乳児やヨチヨチ歩きの幼児がストーブに近づいても少しやけどを学ぶ方がよいと考えています。母親の膝の上から離れるのは、そこから追放されるからではなく、子ども自身が離れていくからのようにも思われます。すぐ側に複数の大人がいるからです。テント内の誰もが子どもの親だといってよいでしょう。二つ目は、子どもの仲間集団が存在しないことです。たまたま、異なるテントが同じ場所でキャンプしたときなど、四〜五人の子どもが遭遇したとしても、年齢が異なれば群れて遊ぶことはまずなく、結局みなが一人遊びをするといったことになりがちだそうです（原、一九七九、六一頁）。体力や精神発達などが同じくらいの仲間と同じキャンプになったときなどは、子どもの食欲も増し、機嫌もよくなり、瞳はいきいきと輝き、肌つやも良くなります。しかし、大人たちは自分たちの都合で、別々に分かれてしまうことも多いのです。3、4歳の子どもなどは、しばらく虚脱状態におちいることもあるといいます。肌のつやがなくなり、目の力がなくなり、動作が緩慢で食欲もなくなります。大人もその理由をよく承知しており、子犬と遊ばせたり、近くの藪にたき付けの枝を集めに行く際一緒に連れ出したりします。

ヘヤー・インディアンの子どもたちが耐えなければならない試練は、孤独に耐え、過酷な自然の中で自分の身体を維持していく技術と知恵を身に付けていくことです。3歳にもなれば、ひどい凍傷になると、耳や鼻がもげてしまうことを知っています。泣いて涙を流しても危険なのです。キャンプ地についても、すぐにたき火に近寄っては、凍傷の部分の肉が落ちるのです。3歳の子どもでも自分の身体のいたわり方を知っているのです。ヘヤー・インディアンの子どもたちが、母親や大人の保護を抜けたときに待ち受けているのは、同輩の仲間の世界ではなく、自然と立ち向かっている大人たちの世界です。早い子どもは、3歳ぐらいで、すでに自分の守護霊をもつことがあるといいます。それはある動物の夢を見たと語れるようになることです。そして、一生その守護霊にいろいろなことを相談しながら生活することになるのです。

以上の資料から、ピダハンやヘヤー・インディアンの子どもたちは、母親の膝と乳房から追放される3～4歳頃になると、コミュニティの一員として自分の身体を自分でケアできる存在にならざるを得ないことが分かります。子どもも大人も、存在の在り方としては対等なものとしてみなされているのです。ロゴフによると、グアテマラのマヤ人の子どもたちも、

3歳から5歳になると、自分の身の回りのことはほぼ自分で行っているといいます。マヤのある3歳の女の子は、家族の誰よりも信心深く夕方に一人で教会に通い、二時間もかけて一人で歩いて家に帰ってきていたといいます（ロゴフ、二〇〇六、一六九頁）。ヒトは退化しつつあるのではないか、そんな想念が頭をよぎります。

手伝いや仕事をする3〜4歳児

ヒトが狩猟採集民であった時代、乳幼児は3〜4歳で母の膝の上や乳房から追放されるまで、受動的に母に抱かれたままであったわけではないでしょう。ヨチヨチ歩きが可能になるや、少し年上の子どもたちに憧れ、彼らの真似をしたり後をついて行こうとしたに違いありません。少し年上の子どもたちがそのようなヨチヨチ歩きの子どもの面倒をみるということもしばしばあったと想像されます。ポリネシアでは姉や兄が3〜4歳にもなると、母親は泣いている赤ちゃんの世話をどのようにすればいいか教え、子どもたちも赤ちゃんの世話をすることを自分たちの任務と感じています。また、母親は、ヨチヨチ歩きの下の子が、兄弟の後を追ってついて行きたがるのはすごく自然なことだと考えています（ロゴフ、二〇〇六、一五六頁）。よって、当然3〜4歳の兄弟がその子の面倒をみることになるわけです。

日本でも、かつて子どもたちの異年齢の遊び集団がありました。そのような遊びの異年齢の集団が消滅したのは一九六〇年前半頃ではないでしょうか（野上、二〇〇八）。その頃から日本は高度成長期に入っていきます。長年高校教師を務めた諏訪（二〇〇五）によれば、日本が高度成長期になっていくと教師と生徒の関係もどんどん変化し、生徒はますます「オレ様化」していったといいます。しかし、それ以前の一九六〇年ぐらいまでの「農業社会的」時期およびその余韻の残る時期は、違っていたそうです。教師と生徒との間には情のつながりがあり、互助的な雰囲気があったといいます。異年齢の遊び集団が成立するためには、年長者が年少児の面倒をみてやり、年少児が年長児に従うという関係がなければなりません。年下の子どもを遊びの仲間に入れるのは、足手まといになる、いささか面倒なことです。しかし、年長児が年少児の面倒をみるのは、ヒトという種にとって当然のことでした。ヒトは他の霊長類に比べても子ども期が非常に長いのです。そのような子どもたちを大人が労力を払って面倒を見るわけにはいきません。子どもが子どもの世話をするのが鉄則です。そのような中で異年齢の仲間集団が生まれてくるのです。

子どもが子どもの世話をするのは子どもの仕事の一つでした。日本でも、明治・大正期には幼い子が赤ん坊を背負って子守りをしている姿は決してめずらしいものではありませんでした。大正半ばに埼玉県の農家で、3歳末の女の子が妹を背負い、あっちへよろけ、こっちへよろけしつつも子守りをしていたという資料を、横山（一九八六、六〇頁）が紹介していきます。さまざまなコミュニティの子どもの労働開始年齢を調査したロゴフたちの報告でも、弟や妹の世話をし始める年齢は、多くのコミュニティで4歳や5歳や6歳なのですが、中には

3歳から始めている文化も存在します。同じ報告で、「家畜の番や貴重品の見守り」や「薪集め・水汲み・食料の採集・使い走り」といった仕事に関して、前者は5歳から、後者は4歳から始めるというコミュニティが多いのですが、いずれについても2歳から始めるという文化も存在します（Rogoff et al. 1975）。ロゴフの『文化的営みとしての発達』（二〇〇六）には、その具体的な姿がいくつも紹介されています。東アフリカの農耕コミュニティでは、4歳児は四五パーセントの時間を、3歳児は二五パーセントの時間を雑用のお手伝いに費やし、西アフリカでは2～3歳頃から簡単な仕事を任されるようになるとのことです（一七三頁）。ニューギニアのカルリでは、幼い娘は3歳までに責任のある役割を果たすようになり、3～5歳の少女は、大人と一緒になって薪を集め、料理をするための火をおこし、多少の料理をするとのことです（四二三頁）。このような例を見ると、断乳されたピダハンの3～4歳の子どもが、大人に混じって自分で食べなければならないというのも不自然ではないといえるでしょう。

3歳児を支える伝統社会の三つの資源：以上、ヒトの歴史を振り返って3歳という時期がどのような意味をもっているのか、狩猟採集民などの伝統的社会の子育ての様子などをみることで検討してきました。3～4歳頃、母親の膝の上から追放された子どもたちは、自分と環境との新しい関係を再構築していかなければなりません。それは、どのようなコミュニティでも共通していることです。母親の膝の上から追放されたといっても、荒野に放り出されるわけではありません。ヒトの多くの伝統的コミュニティでは、子どもの身近なところに、その後の子どもの生育を支えてくれる三つの資源があります。一つは、複数の親的な大人たちです。血のつながった親と同じように子どもをケアし可愛がってくれる大人たちの存在です。広い意味でのアロペアレンティング（代理養育）です。二つ目は、幼いときからいろいろ面倒をみたり遊んだりしてくれていた兄や姉の存在です。母親の膝の上から追放された子どもは、新たに少し上の兄や姉も所属している子どもの仲間集団のメンバーになるのです。三つ目は、大人たちの生活や労働の透明性です。伝統社会では、子どもは大人がどのように自然と関わり労働しているのか、遊んでいるのかとのすべてが透明です。幼いときから子どもたちは見ることでそれらを学習しています。少し上の兄や姉がどのように親の仕事を手伝い、また遊びを工夫しているのか、幼いときから憧れの気持ちで彼らの活動を見つめてきたのです。子どもたちには、明確で分かりやすいモデルが存在しています。それは子どもにとって大きな支えです。

現代の3歳児が直面している課題：

現代社会において、多くの家族は核家族で、親の仕事は出勤して勤務するサラリーマンであることが多いといえるでしょう。先に、伝統社会においては、3歳児を支える三つの資源があることを述べました。端的にいえば、この三つの資源がすべて今の子どもたちから奪われているのです。

一つ目は、子どもの移動できる隣近所に、子どもを暖かく見守ってくれている大人の目が複数存在していることなど、まずはあり得ないことです。現代の3歳児が、親の目の届かないところで一人で行動することには大きなリスクがあります。家の外は、見知らぬ人が大勢いる車社会なのです。二つ目は、モデルとなる年長児に接する機会が圧倒的に少なくなったことです。3歳児が大人に憧れることはまずありません。あまりにも身体の大きさや力が違いすぎるからです。子どもは年長児に憧れます。かつては、その年長児が3歳児の面倒をみようとしてくれたのです。下の子の面倒を見るのは兄や姉の当然の仕事でした。今の子どもは、自分たちのリーダーになってくれるような兄貴や姉貴たちに出会うことはまずありません。それは3～4歳の子どもたちを下っ端（みそっかす）にして活動する異年齢メンバーからなる子ども集団（仲間集団）が消滅してしまったからです。三つ目は、生活し労働する大人たちの姿だけではなく、集団で遊んだり、大人に混じって働く年長児（子ども）の姿が、3歳児の目の前から消えてしまったことです。小学校で兄や姉が何をしているのか、父親や母親が職場で何をしているのか、3歳児にはまったく見えなくなっているのです。これは、伝統的社会に暮らす3歳児のことを考えれば、信じられないようなことです。働いたり遊んだりしている年長の子どもたちの、魅力的で頼もしい姿を直接に五感で知ることによって、幼い子は兄貴や姉貴のようになりたいと切望し、兄貴や姉貴から多くのことを学んでいくのです。今の子どもにはそのようなモデルが存在しません。ですから、時には下の子どもをモデルにして、赤ちゃんになって母親の膝と乳房を取り返そうとすることさえあるのです。

伝統社会では、3歳前後に、子どもたちは母親の膝と乳房から追放され、子どもたちの仲間集団のメンバーになるという大きな発達の峠を越えていくことを指摘してきました。また、その際には、①身近に複数の親的な大人たちが存在していること。②兄や姉たちを含む異年齢からなる仲間集団がサポートしてくれること。③大人の活動も仲間たちの活動も、どちらも透明で3歳児にもよく見通し理解できるものであること。そのような三つの資源が、発達の峠を越えていく大きな支えになっていることも指摘しました。気の毒なことに、現代の子どもたちには、そのような資源はもう残されていません。彼らは、支えてくれる年長児や仲間集団なしに、また生活に関する具体的な将来展望がまったく見えない霧の中で、母親の膝と乳房から追放されてしまうのです。早くから保育所で育つ子どもたちにおいても状況はそれほど大きく違うわけではないように思います。保育環境に余裕があり、広い意味でのアロペアレンティング（代理養育）のような保育がなされ、年長児たちが年少児たちの保育を支えてくれ、かつ自分たちの遊びの仲間集団をたのもしく形成しているような、そんな理想的な保育所があれば別ですが、今日の保育所の多くは、残念ながら保育士の絶対的不足や、保育士の過労や疲弊で、そのような理想を実現したくても不可能に近くなっているのが現実だと思います。今の時代に3歳児であるというのは、大人が想像するよりはるかに大変なことです。

本書では、保育所には行かずに家庭で育った、私の長男と次男の3歳代の一年間の成長の様子を紹介します。友だちを見つけること、同輩と交流すること、それ自体がもはや簡単なことではありません。また、母親や父親とどのような関係を作っていくのかということも、予め答えやモデルはありません。家事労働がほとんどなくなった核家族の中で、子どもは何をすればよいのでしょうか。長男の場合は、丁度弟が誕生した時期です。まさに母親の膝から追放された時期です。追放されても、受け入れてくれる仲間集団などどこにもありません。また、次男が3歳の時には、兄が6歳でした。兄の仲間たちは、かつての子どもの仲間集団のように下の子の面倒を見る気はさらさらありません。では、どうすればよいのでしょうか。レールはひかれてはいません。両者の波乱の一年間を描き、3歳という年齢のもつ発達的な意味を浮き彫りにできればと願っています。

日誌的な観察資料

この書物のもとになったのは、父親（F）である私の日誌的な子どもの観察記録と妻（M）の日誌記録です。長男と次男の日誌記録は区別されず同一のノートに記録されています。長男が3歳から4歳になるまでの一年間で私の記録はB5ノートで五六七頁、妻の記録はB5ノートで七三頁になります。次男が3歳から4歳になるまでの一年間で、私の記録はB5ノートで四五五頁、妻の記録はB5ノートで七〇頁になります。長男が3歳から4歳になるまでの一年間のうち、前半一〇ヶ月間は私は京都国際社会福祉センターに勤めていました。半日勤務の土曜日以外の月から金までは、ほぼ朝八時四〇分頃に出勤し夕方六時半頃に帰宅する毎日でした。最後の二ヶ月からは短大に勤務するようになり、それが次男の観察時期にも続いています。短大の勤務は、週四日で、昼前に出勤することもあり、観察する時間が増えました。妻はこの間、専業主婦で子どもの様子はほぼすべて見ていたように思います。子どもの仲間関係などは、子どもを公園に連れていった妻の報告によるものが大半です。また、日中家を訪れる子どもと息子たちのやりとりなどについても、同様です。日中家を空けているときなどは、帰宅すると必ず、妻に子どもの様子や仲間関係について尋ね、その記録をすることを心がけていました。以後、年齢は、x歳yヶ月z日のことを（x; y, z）、幼稚園5歳組を「年長」、4歳組を「年中」（二年保育ですが）と表記します。また、長男をU、次男をY、私（父親）をF、妻（母親）をMと略記します。登場する子どもの名前はすべて仮名です。

長男U（ゆう）の育った環境：　長男Uが3歳になったのは一九八四年の五月です。当時、私たちは京都市伏見区桃山の団地の一階3ＬＤＫ（五四平米）に住んでいました。そこに引っ越してきたのは約八ヶ月ほど前のことです。宇治川沿いの大きな団地で広い公園がいくつかありました。長男が（3; 0,0）から（3; 11,30）の間は、次男の（0; 1,22）から（1; 1,21）に相当します。この間Uの友だちといえるのは、同じ団地の棟に住んでいた、ほぼ同じ誕生日でよく遊んだマヤ君と、後半少し遊んだタイチ君ぐらいでした。ほかにもときどき交流する相手が複数いますが、恒常的な関係にはなっていません。従兄のノリ君（Uより四ヶ月年長）

とは生まれたときから、盆と正月を中心に比較的よく会っています。

次男Y（よう）の育った環境： 次男Yが3歳になったのは一九八七年の三月です。その約一年半前の一九八五年九月に、伏見区桃山の団地から奈良市高の原へ転居しました。「高の原」は丘陵地に開いた新興住宅地という雰囲気の町です。駅の近くにも古い店や商店街といったものはありません。当時の住まいはK団地の三階3LDK（八六平米）でした。団地の中は、所々にプレイロットはあるものの、アップダウンがあり、前の団地ほど広い公園はありませんでした。次男が（3; 0,0）から（3; 11,30）の間は、長男の（5; 10,8）から（6; 10,7）に相当します。長男は近くの公立幼稚園の年長組で、長男関係の友だちが毎日のようにわが家に遊びに来ていました。家が比較的広く玩具がたくさんあったためのようです。同じ団地のUと同じ年長のイチ君、カズ君、Uの一年下の年中のタケ君、Uの一年上の小学一年のアミ君などのようによく顔を出す子もいれば、散発的に来る子も少なからずいました。一方、3歳時のYの同年齢の友だちといえるのは、後半、Yを気に入ってくれた女の子のミクちゃん（二週間年下）ぐらいでした。家に遊びに来ていた長男のグループから、何かの理由で外れてしまった年長のカズ君（Yより約二年三ヶ月上）や、年中のタケ君（Yより約一年一一ヶ月上）はYの遊び相手になってくれることがよくありました。

これから長男Uと次男Yの3歳代の記録を紐解き、それぞれの疾風怒濤の一年間を描いていきたいと思います。長男Uと次男Yの成長を対比できるように、3歳の一年間を三ヶ月ごとに区切り、それぞれの時期の二人のエピソードをまとめていくことにします。Uは五月生まれ、Yは三月生まれで、二人の歳は約二年一〇ヶ月違います。なお以下、傍線の引かれた文言は、子ども自身の発話です。

1章

船出する3歳

（第1期：3歳0ヶ月〜3歳2ヶ月）

弟Y（3; 1, 4）と兄U（5; 11, 12）
平城京跡にて

【第1期のU】この時期、Uは弟が誕生したことで、自分の居場所がなくなったことを痛感しつつあります。母の膝から追放されたのです。自分は父親の赤ちゃんだと思うこともあれば、弟と平等に扱って欲しいと訴えることもあります。友だちができかけるのですが、結局その子を捨ててしまいます。友だちより大人（親）に遊んで欲しいのです。自分が兄になったことは頭では分かっています。しかし、この狂おしい気持ち、疎外感はぬぐえません。ときどきそれが爆破するのです。まだ仲間集団の姿はどこにも見あたりません。

【第1期のY】それに対して、次男のYは母の膝の上から追放されたという思いはほとんどないようです。日頃から兄のようになりたいと思っています。家には兄の友だちがたくさん遊びにきます。Yは兄たちの仲間集団に入っていきたいのです。せいいっぱい背伸びして、年上の子にもいっぱしの口をきいています。母親にも（ペナルティで）「テレビを見せないで！」とトンチンカンな脅しをかけたりします。しかし、自分がまだ小さいことは感じています。自分のことばや態度の矛盾を、親に非難されたりすると、プライドを傷つけられたと感じ泣きわめきます。

1 第1期（兄・U）：弟の出現、不安と疎外感

［兄（3；0）〜（3；2）　弟（0；1,22）〜（0；4,23）］

1 3歳0ヶ月のU：さまざまな不安

赤ちゃんに対する嫉妬

弟ができたことでかなりストレスがかかっているようです。赤ん坊に対する攻撃性がソフトな形ですが出現しています。

観察1　U（3歳0ヶ月4日） Mがゞ（0；1,26）を抱き母乳を与えるとき、Uはよく拳で弱くYの頭をたたくそぶりをして、「赤ちゃんに意地悪してるの」と嬉しそうに言ったり、手のひらで頭をなでたり、人差し指で頬をついたりする、アグレッシブな気持ちがあるようです。FがYのベッドの側で、「ウーウー、Y君」などと声をかけていると、Uも側にきて、Yの腕を冗談のように軽くつねったりします（Fは初めて見る）。数日前、Yが泣いていると、Uが「うるさい」と言ったりもしました。我々がYに関心を向けているとき、自分にも関心を払って欲しくて、Yに軽くちょっかいを出すといった意地悪ですが、ここ一、二週間、U

は次第にYに嫉妬心をいだき始めているようです。

MやFの関心が、新参者の赤ん坊に注がれ、自分から奪われつつあると感じ始めているようです。同じ日に、母親がどれほど自分にエネルギーを注いでくれるのか、母親を必死に試すような行動が記録されています。

観察2　U（3歳0ヶ月4日）　Mがいつものように Yをバギーにのせて、Uを公園に連れて行き、そろそろ帰宅というときのことです。Uは今日も長靴を脱いで、滑り台で遊んでいました。帰るので、Mが長靴を履くように言いますが、Uは「おかーさん、持ってきて」と訴えます。Mが「履かしてあげるから、持っておいで」と言っても、Uは要求を繰り返し、断固として動きません。Mが来てくれないと、Uは泣き出します。吐いてしまうかと思うほどの激しい泣き方になります。Mが折れて、側に行き「Uちゃん赤ちゃんになりたいの？」と聞くと、Uは「そーだよ」と平然と肯定します。Mが長靴を履かせてやると満足の様子です。

Uは、母親が自分のためにどれくらい労力を払ってくれるのか試していたようです。母親が自分への関心を失ったのではないのか、それが気がかりなのです。その翌日（3; 0,5）には、FがベッドのY（0; 1,27）に話しかけていると、Uは相手して欲しくて「キィエー」とすごく大きな奇声を張り上げています。かまってもらえないと、大声を張り上げるのです。Uは、FとYとのやりとりだけではなく、FとMとの会話にさえ嫉妬するかのようです。

観察3　U（3歳0ヶ月8日）　夕食中のことです。Uは先に終えています。Uは「お父さん、もうご飯すんだ?」とFに遊んで欲しくて尋ねたり、やって来てFの椅子の背もたれに立って甘えるようにFにしがみついてきたり、膝の上に対面で跨がったりします。FとMとが会話し始めていると、膝の上のUが「ダメ」とFの口を手で押さえたり、Fの顔をたたいたり、大きな声を張り上げて会話を妨害したりします。そして、「Uちゃんとお話しして」と訴えます。昨日も、FとMとがしゃべっていると、Uは自分がのけ者になっていると感じるのか、「黙れ!」と大声を出したりしました。

夕食後、Fが換気扇の下でタバコを吸っていると、UはFに甘えてまとわりつくので膝の上に乗せてやると、Uは「Uちゃんはお父さんの赤ちゃん」と言ったりします。Fが「へえ、大きな赤ちゃんんだな」と冷やかすように言うと、Uは「この赤ちゃんドエドエ（※四つ這い）するんだよ」と言い、床に降りて四つ這い（ドエドエ）をしてみたり、Fの前で座位になったりして「この赤ちゃんお座りもできるの」と言ったりします。その後、Uは六畳のY（0：2.0）の寝かされている揺り籠の右横に行き、揺り籠の淵を持ちギシギシと音を立て横に揺すり始めます。Mが「Uちゃんそんなんしたらダメ、籠がひっくり返ったら、赤ちゃん壊れちゃうよ」など注意すると、U「赤ちゃんいじめてゆの」と言い、なおも嬉しそうに籠を揺すり続けます。FやMがさらに注意を繰り返し、ようやくイタズラをやめます。本物の赤ちゃんになり、偽物（?）の赤ちゃんを追放するというイメージがこたえられないようです。この日は、さらにFがY（0: 2.0）に話しかけ、Yの声を録音しようとするのを身体を張って妨害しに来ています。

観察4　U（3歳0ヶ月8日）　夕食後、Uは和机の前のローチェアーに腰掛け、ミニカーと（昨日Fが作ってやった）積木のガレージなどで遊び始めています。そこで、Fは録音機をセットして、Y（0: 2.0）の揺り籠の右横に座り、顔を乗り出してYに「Y君、ウーウー」など声をかけ相手をし始めます。すると、Uは、FがYに声かけをする度に、大声を張り上げたり、デタラメ語をしゃべったりして妨害し始めます。その後も、FがYの相手をしていると、Uがやって来て、Fと揺り籠の間に割り込み、自分の頭で、FとYとのやりとりを妨害し始めます。Uはときどき後ろを振り返り、自分の頭が丁度うまくFの顔をYの視野から遮るようにコントロールして、FとYとの接触を妨害します。

その後、録音をやめ、Fが揺り籠の横に仰向けに寝ると、Uはヒヨコとヒョウ（愛称ピータ）とアシカのヌイグルミを持ってきます。そして、Fの胸の上にアシカを置き、自分はヒヨウを手にして、ヒヨウにヒヨコを押しつけるようにして、「赤ちゃん」とヒヨコに呼びかけ、ヒョウを「ぼく女の子だよ」（※乳房があるという意味）と言って操り、ヒョウが母乳をヒヨコに与えているふりをします。赤ちゃんは母乳を与えかわいがるものだということは分かっているのです。その後、食卓の椅子に座り夕刊を見ていると、Uがやってきて Fの右腕を噛んだりします。二〜三日前にもFの腕を噛んだことがありました。Uは、小さい頃から人を噛むことはなく、人を噛むようになったのはこれが初めてのことです。噛むことで存在を認めてもらいたいようです。

仲間でありライバルである弟

弟Yの存在は、Uの描く未来像や想像の中にも出現し始めています。まだ、生後二ヶ月なのに、すでにYは自分の仲間であると同時に排除すべきライバルなのです。

✎観察5　U（3歳0ヶ月19日）　①FとUでコンクリートの迷路公園（「どこかなーの公園」と呼んでいます）へ行きます。午前中雨が降ったので、水たまりができています。Uは迷路の中に入りますが、Fは入りません。迷路から出てきたUが、Fにも迷路に入るように誘いますが、Fは「靴がビチャビチャになる。お父さんは長靴持ってないんだ」と言うと、Uは「U

ちゃん大人になったら、お父さんに買ってあげるね」と言います。Fが「長靴買ってくれるの？」と聞くと、Uは「高いから、Yちゃんと（※二人で買う）」と答えます。いつもYくんと呼んでいます。びっくりしたのはYを自分の仲間に入れたこととYちゃんと言ったことです。②午前中、Uがもらった誕生日ケーキをUとMとFの三人で分けて食べます。生後二ヶ月のYには当然与えたりしませんが、Uはこのケーキは Yには与えないと主張します。また、Yが大きくなって、Yの誕生日ケーキがあったとしても、Yにはやらずに、FとMとUの三人で食べると断固主張します。架空のケーキの分配についての、MとUとの会話です。MはYも仲間外れにしないで仲良く四人で分け合って食べようと言いますが、Uは何が何でもYにはやらないと、ムズかりかけて断固主張します。

Uは、大きくなったら、弟のYと二人でお金を出し合って父親のために長靴を買ってあげるのだと、未来のイメージを描いているのです。このような台詞はUが3歳0ヶ月30日のときにも記録されています。Mが「お家には○○がないの」と言ったとき、母親に対して「Uちゃん大きくなったら買ってあげるしー、Yちゃんとね」と言ったのです。Uは3歳になったばかりで、Yはまだ生後二ヶ月です。これは、未来に関して兄弟であることの肯定的なイメージです。逆に、未来に関する否定的なイメージもあります。弟が大きくなって誕生日ケーキをもらうようになったとき、そのケーキをどのように分配するのか、Uは弟には絶対あげないと主張しています。3歳の兄が、生後二ヶ月の弟がケーキを食べると想像しただけで、激しい嫉妬に苦しんでいるのです。このように現実だけではなく、未来のイメージの世界にも、新たな新参者である弟の存在が、深く重く滲透してきているのです。3歳0ヶ月30日のことです。FがY（0; 2.22）と一緒に入浴しています。Fが「もういいよ」とYを湯から上がらせるためMを呼びます。Mが浴室の戸を開けるや、裸のUが「お兄ちゃんだよ」と言って、浴室に入ってきます。私たちはUのことを「お兄ちゃん」とは呼んでいません。また「お兄ちゃんだから○○しなさい」などと言わないようにしています。Uを「お兄ちゃん」と言うのはYの視点に立ったときだけです。Uが自分からYの視点で自分を「お兄ちゃんだよ」と言ったのです。Uが自分からYに対してこのような台詞を言ったのは初めてです。UはYを自分の兄弟としてしっかり意識し始めているのです。

仲間関係のストレスと初めての友だち

団地の棟の前に、滑り台のある小さな公園がありました。家からすぐ近くなのですが、この公園には意地悪な4歳の女の子がいます。U（3; 0.11）が砂場の玩具などを使っていると、その子は「貸して」とやって来ます。Uは「うん、いいよ」と貸します。しばらくして、Uがその子に近寄ると、その子は「ダメ、来たらダメ」と拒絶します。また、滑り台上にこの女の子がいるとき、Uが滑り台の階段を登ろうとすると、女の子は意地悪く「アカン」と言ったりします。Uは他児に「アカン」と言われると、それに反発して自己主張することなどはまったくできません。このようなことが何度か続いたため、公園に行っても表情が明るくなく、公園へ行くのも渋るようになってきます。

他児とのストレスと、下に弟ができたことのストレスが相まって、親の言うことを率直に聞かず、我を張り、大声を張り上げたりすることがあります。たとえば、夕食後、FとMが会話をしていると、U（3：0.9）はFの前にやってきて、「しゃべったらダメ」「Uちゃんとしゃべって」と言い、Fがしゃべるのをさんざん妨害します。また、自分の話をよく聞いてもらえなかったり、相手をしたFがUの意図どおりに動かなかったりしても、「キィエー」と大きな奇声を張り上げたりします。Uが3歳0ヶ月13日の時、Mは「最近ストレスが強いよう。お父さんが帰ってくると、Uの表情すごく明るくなる」と述べています。F自身も、「帰宅するとUはすごく喜んでくれるが、確かに、Uの表情なんだか鬱屈した感じ、顔の表情が硬い感じがする」と記しています。

初めての友だち：当時住んでいた桃山の団地はたくさんの棟があり敷地も広く、団地内に公園もいくつかありました。家の前の公園では意地悪をされまったく楽しくないようなので、Mは団地の大公園にUを連れて行くことにします（ほぼ毎日、MはYをバギーに乗せ、Uを公園に連れて行っています）。幸い、そこの砂場で、五ヶ月年長のユウカちゃんという女の子と出会い、楽しく一緒に遊ぶことができます。3歳0ヶ月16日には、ユウカちゃんもUのことを気に入ったのか「Uちゃんは？」とUを探してくれたりもします。この日、Uは「Uちゃんはユカ（※ユウカ）ちゃんと遊んでるのが面白いの、おかーしゃんは？」とMに尋ねたので、Mは「お母さんは、ユカちゃんのおばちゃんとお話ししているのが面白いよ」と答えたといいます。ユウカちゃんとは、気が合い、本当によく遊べたようです。公園で他児とこれだけ楽しく遊べたのは、Uにとって生まれて初めてのことだといえるかもしれません。Mが二人の様子を詳しく記録しています。

観察6　U（3歳0ヶ月21日）　今日も大公園です。Uはユウカちゃんとすぐに二人で遊びます。ユウカちゃんの方が、Uに寄っていきます。Uは砂場の外の地面をスコップでひっかき「固いのにしてるの」と言います。ユウカちゃんは近寄ってきてUの剥き出しにしたところ（地面）に砂を掛けていき、「ユウカ柔らかくしてるの」と言います。Uがせっかく剥き出しにした黒い固い土の上に、ユウカちゃんが次々と砂をかけてしまうので、Uは「ここ固くしてるんだよ、道路なんだよ」と言いますが、ユウカちゃんはかまわずにそこに砂を入れてしまいます。すると、Uは「どうして、前はやさしかったじゃないの」と少し文句を口にしたりもしています。Uが「じゃ、Uちゃんどこでしようかな？」と言うと、ユウカちゃんが「じゃ、あっちいこ」と言い、二人は一緒に遠くに行きます（Mから三メートルほど離れた所）。また、ユウカちゃんがスコップでアリをつぶすのを見て、Uが「ユウカちゃん、アリさんつぶしたらアカンよ」と言うと、ユウカちゃんは「なんで？　アリさんはこわいやん」と言います。Uが「怖くないよ」と言うと、ユウカちゃんは「大きいんでも？」と言うので、Uは「うん、怖くなんかないよ」と応えます。すると、ユウカちゃんが「じゃ、こーんな大きいのは？」と立って両手を上にあげて尋ねますが、Uは「うーん、そんなおーきいのだっても怖くないよー」と応えています。その後、Uが一人でブランコの方に行くと、ユウカちゃんは「Uちゃんは？」と言って探し、Uを見つけてブランコの方に行きます。ブランコの片方を誰かに取られていて二人で乗れないと、近くの別のブランコの方へ二人で駆けていき、二つのブランコにそれぞれ乗ったりします。また、ブランコの周りの柵によじ登るのを、ユウカちゃんがUに教えたりもしています。二人は、ヒメジョオンの花を採って駆け戻り、Uは「はい、これはYちゃんに、これはおかーさんに」とMに手渡します。ユウカちゃんも自分の母親に採ってきた花を手渡します。Uが「帰る」と言うと、ユウカちゃんも「帰る」と言い、一緒に集会場の方に戻ることにします。

ユウカちゃんと遊ぶようになってから、Uの表情が明るくなり、すこぶる調子がよさそうです。ユウカちゃんとは、ことばのやりとりができて、何か自信をつけたようです。3歳0ヶ月23日には、大公園で一人遊びでしたが、年長の子どもに「貸して」とおもちゃを借りに行ったり、帰りしな、自分のおもちゃを取り返しに行き、年長の女の子に「もうお家に帰るから、返して」（※以前はこのような台詞がなかなか言えなかったのです）と言ったりもしています。Mは U が急速に（たくましく）変わりつつあるのを感じています。3歳0ヶ月30日には、滑り台上からユウカちゃんが滑り降りようとするのを、滑り台の坂を下から登り始めている U が「滑らないで、U ちゃんが一番上に登るんだから」と自己主張しています。このように他児に自己主張できることは、U にしては画期的なことでした。この日の夕食中、M がこの話を F にして「ユウカちゃんに対しては対等にやりあえる」と語っていると、U は「だって、お友だちだもん」と言っています。U が現実の他児を自分から「お友だち」と言ったのはこれが初めてのことです。

2　3歳1ヶ月の U：不安や疎外感の高まり

友だちより大人と遊びたい

親が幼児の遊び相手をするのは、今日の欧米文化の特殊性だとの指摘があります（ハリス、二〇〇〇：ロゴフ、二〇〇六）。多くの伝統的社会では、親は乳幼児の世話はしますが、遊び相手はしません。幼児が歩けるようになり、片言の会話が可能になってくると、幼児は自分より年長の子ども集団についていきたがるようになり、また年長の兄や姉たちがその子らの面倒を見てくれるようになります。しかし、地縁社会や大家族が失われた今日の日本では、保育所や幼稚園に通っていない限り、親が子どもの遊び相手を見つけてやらなければなりません。子どもを公園に連れて行くのはそのためです。そして、遊び相手がいなければ、親が相手をしてやることになります。私たちは、Uが乳幼児の時からいささか遊び相手をし過ぎたのかもしれません。この時期、Uは大人と遊ぶ方が楽しいためか、弟よりも自分の方に注意を向けて欲しいためか、親に遊んでもらうことを強く求め、同輩の友だちと遊ぼうとしなくなっています。

3歳1ヶ月4日の時、同じ団地の七ヶ月年少のタイチ君（2：6）の母子が初めて遊びに来てくれますが、その日の夜、Uは「お友だちは来ない方がいい」「お母さんと一緒に遊びたいの」などと言っています。3歳1ヶ月7日には、Mは「近頃、Uは他児に対してあまり社交的ではない。午前中、家の前の滑り台のところへ遊びに行っておいでと促しても、一人では行かない」とFに語っています。この日は、結局Mと一緒に「どこかなーの公園」（コンクリートの迷路公園）へ行ったとのことでした。この公園では、他児と遊ぶことはまずありません。3歳1ヶ月11日には、Mが「お砂場行こうか」と誘うと、Uは「お家で遊びたい」と言ったとのことです。この話を、夕食の時にMとFとが話題にしていると、Uは「Uちゃん、大人と遊びたいの」と言っています。そして、二日後、唯一一緒に遊べる友だちであったはずのユウカちゃんに意地悪をします。

✎観察7　U（3歳1ヶ月13日）　団地の公園で遊んでいたとき、Uは初めてユウカちゃんに意地悪します。Uは意地悪をされたことは1歳代から数え切れないほどありますが、他児にはっきり意地悪をしたのはこれが初めてです。Uが先に滑り台の上にいます。そこへ、ユウカちゃんが滑り台の坂の方から登ってくると、滑り台上に立っているUは片足をあげて、ユウカちゃんが上がってこられないように妨害します。ユウカちゃんは滑り下りて、泣きつつ母親に甘え訴えにいきます。「Uちゃん意地悪や、意地悪な子は、お家でじっとしてるの！」と母にしがみつきつつUに向かってことばを投げかけたりします。この日、意地悪をしたのはユウカちゃんに対してだけではありません。1歳半ぐらいの子どもに対しても、滑り台で、同様に片足をあげて足で押しのけるような意地悪をします。また、滑り台の上で飛び跳ねたりもします。Mは「滑り台で足で意地悪したら危ないからダメ、危ないから」と言い聞かせたとのことです。

その次の日も他児に意地悪をしています。公園の砂場で、U（3：1,14）は他児に少し砂を掛けようとしたのです。このようなことをするのは初めてのことです。また、昨日と同じように、滑り台の上で他児を足で蹴る真似などの意地悪もしています。何か鬱屈した攻撃的な気分が広がりつつあるのです。

膨らむ嫉妬の心、高まる疎外感

3歳1ヶ月3日の時、FがUの遊び相手をしてやろうとしているときに、Y（0：2,26）が泣き出します。FがYの側に行くと、Uもやってきて「Uちゃんとお父さん一緒に遊ぶから、Yちゃんは遊べないの」といった意味内容のことをさかんに言います。Fが「Y君が泣いてるよ、泣いててもいいの？」などと聞いても、Uは「泣いててもいい」と答え、あくまでもFに自分の相手のみをしてもらいたがります。この日Uは、Mに「お母さんとUちゃんの二人だけでいい、Yちゃんはいらない」と言ったりもしています。赤ちゃんのYが少し人間らしくなってくると、ますますUの嫉妬心は大きくなっていくようです。

観察8　U（3歳1ヶ月14日） Y（0：3,6）の首もだいぶしっかりしてきて、昨日あたりから、縦抱きしてやる際に首を支えてやらなくても一人で首を立てたまま保持するようになっています。また、初めて「おしゃべり様のやりとり」が可能になっています。Yがいよいよ人間らしくなってきたのです。Uにしてはこれは一大事、負けてはいられません。Uは、赤ちゃんの真似をして、わざと「エーン」「エーン」としかめ面をして泣いたり、Fに対して「Uちゃんは赤ちゃん」と言って甘えてきたり、「だっこだっこ」と言ってしがみついてきたり、「赤ちゃん」と言ってわざとイタズラをしたりします。Mが「赤ちゃんはイタズラしないよ、Yちゃん見てごらん」と言うと、Uは「ドエドエ（※這い這い）する赤ちゃんは？」と言うので、Fが「這い這いする赤ちゃんはイタズラするね」と言うや、Uは床を這い始めたりします。とにかくFやMに相手して欲しくてしかたがないといった様子です。いよいよ、Yのことが目障りになってきたようです。

興味深いのは、UのYに対する態度が、UとMが二人だけの時（Fは仕事へ）と、Fと二人だけ（Mは家事など）の時では、ずいぶん様子が違うことです。前者の場合には、UはYに対して優しく相手をしたり、Yが泣いているとMが抱っこしてやらないとYが可哀相だと言ったり、Mに同調して「かわいい」とYのことを言ったりもします。YはMと一緒にケアする対象なのです。時には、Uも赤ちゃんになって、同様の世話を求めることもありますが、Yの次に同様の世話をして欲しいというささやかな要求です。UはMをたたいたり、攻撃することはまったくありません。Mがきつく叱ったときなどは、Fがいれば、冗談に見せかけてMの代わりにFに攻撃的な行動を向けてくることさえあります。後者の状況では、Yははっきり邪魔なライバルです。FがYのベッド側に行き声をかけ始めていると、U（3：1.11）は「お父さんの赤ちゃん」と言って、Fにしがみついたりします。FがYに優しく話しかけたりすると、U（3：1.14）が嫉妬してYを少したたくようなことさえあります。母乳を与えるMはしかたなく一部をYに譲るとしても、Fまで取られてなるものかという様子です。

祖母に甘える： Uが3歳1ヶ月15日に、Yの「百日の祝い」にF方の芦屋の祖父母が訪問します。Uはその後祖父母と一緒に芦屋に行き、二泊する予定です。UはYが誕生した際に、芦屋で二〇日間ほど祖母に世話をしてもらったこともあり、祖母になついています。Yの「お祝い」など面白くない、早く芦屋に行こうとしきりにせがみます。祖母がついてくれていると思うと、母親や父親と別れてもまったく平気で、大喜びで祖父母に連れられ芦屋へ去っていきます。Uが親と別れてもまったく平気であったので、その日の夜、MとFとで最近のUについて話し合います。近頃のUは、表情があまりなく、いかにも面白くなさそうで、外に遊びに行くのも、一人では嫌がり、絶対一人では出かけません。Mは、「近頃Uに対して笑顔を見せてやっていなかった。Uがうるさく相手してくれとせがむので、イライラしてしまうことが多く、相手してやっているときも心して笑顔になろうと思っていないと、笑顔を見せてやっていなかったように思う」と反省します。

子どもにとって重要なのは、自分をかまってくれる人です。それが親である必要はないのです。柳田国男は四つ（数え）の時、弟を出産前の母親が自分をあまりかまってくれなかったためか、「神戸に叔母さんがあるか」と何度も母に尋ね、母が面倒なので「ああ、あるよ（※実際はない）」と答えたところ、そのまま家を出てとぼとぼと四キロも一人で歩き、たまたま顔見知りの農夫がその子（柳田）に気づき、抱き上げられ保護されたとのことです（柳田、二〇一六）。架空の神戸の叔母さんを求めた柳田に比べれば、現実の祖母にすがれたUはまだましだったといえるかもしれません。しかし、芦屋の祖母宅が天国であったわけではありません。なぜなら、Uが芦屋に滞在中、六ヶ月年長の従兄のノリ君が毎日のように遊びに来るからです。Uは、ノリ君と遊びたいわけではなく、祖母に相手をしてもらいたいのですが、ノリ君はUと遊びに来ているので、祖母を独り占めできるわけではありません。芦屋で二泊して、祖母に送られ、U（3：1.17）は近くの駅まで戻ってきます。それから二日間ほどが大荒れになります。

拒否癖（ネガティヴィズム）の爆発

3歳の拒否癖とは、単に「イヤ、イヤ」と大人の命令や指示を拒否することではありません。それは「大人がそれを命令したから指示したから、それが理由で、大人の要求や指示には従いたくないと拒否する」（ヴィゴツキー、二〇〇二、邦訳一一四頁）ことです。子どもはどうでもよいか、やりたいことを拒否するのです。その動機は、大人との関係にあります。「それを求めた人に対立するという単純な行為を発現させることなのです」（ヴィゴツキー、二〇〇一、邦訳七五頁）。Uは、母親や父親の関心が、自分からはずれてYに注がれるようになっているることを感知しています。自分の立場、居場所が危うくなっていることに不安と悲しみを感じているのです。その拒否癖は、そのような事態を引き起こした親に対する抗議なのです。

観察9　U（3歳1ヶ月17日）　送ってくれた祖母と駅で別れ、Fが自転車の後ろにUを乗せて団地に戻ってきます。Fが「U君、お母さんのところへ行っといで」と言いますが、Uは無表情でぐずぐずしています。Fがドアを開けてやると、ようやく家の中に入ってきます。Mは笑顔で、Uを迎えますが、Uはまったく嬉しそうな表情はせず「眠たい」などと言って、畳の部屋に入りゴロリと横になります。しばらくして、祖母にもらったシャボン玉セットのことを思い出したようです。Uはシャボン玉をしたいと言い始めます。私たちはこれまでは部屋の中でシャボン玉をやらせたことはありません。ところが、Uはベランダではなく家の中でしたいと主張し始めます。芦屋の祖父母の家では、家の中でやらせてもらったようです。私たちが「お風呂場か、ベランダでしよう」と提案しますが、Uは「お家の中でしたい」としつこく主張し、私たちが「お風呂場か、ベランダで」と言う度に、わざと声を張り上げるように「ワアーン、アーン」と泣きわめき始めます。私たちがいろいろ他のことを提案しても、Uは一五分近く泣き続けて、最後は声もかれ、はっきりしなくなる声でまだ「シャボン玉、お家の中でしたい」などとつぶやいています。Uは汗びっしょりでアセモもできていま す。最後は、MがUを抱いてやり、風呂場のベビーバスの中で水浴びをさせて、金魚すくいの玩具を出してやるとようやく機嫌がよくなります。

これまでなら、ベランダでシャボン玉をすることに何の不満もなかったはずなのです。それが不満になるのは、「家の中でシャボン玉をする」という祖母が許してくれたことを、F

やMが許容しないからです。Uは自分に対するその態度が不満なのです。「シャボン玉を家の中でする」ことの是非は、実はどうでもよいことなのです。Uは「自分の存在」が軽く扱われるようになっているのではないかと不安に感じ、それを親に否定してもらうために声を張り上げ、必死に親に訴えているのです。

観察10　U（3歳1ヶ月17日）　その後三人で夕食をとることになりますが、Uは相変わらず、無表情です。手づかみで食べかけてMに注意されます。Yの出産の時祖父母宅に預けられ、その時食べさせてもらったり、手づかみで食べるのを大目にみられ、その時以来ときどき食事マナーが崩れます。近頃、夕食の時、Uは注意されたり叱られたりすることが多く、Mもよく叱ります。結局、この日は、Uは夕食をあまり食べません。夕食後、Uは「ブロックで何か作ってー」とわめき、それに応え、Mが「作ってあげよう」と言いつつY（0; 3,9）のオムツを替えたりしていると、Uも泣きかけ「アーン、アーン」と暑苦しい声を張り上げて泣きわめいて訴えます。椅子に座っているFがUを膝の上に抱いてやったりしますが、Fが「なんでUちゃんはそんなに泣くの……」などと尋ねると、Uは「おばあちゃんは怒らないよ」と言っています。祖母のように無条件で受容せよと訴えたいのかもしれません。その後、MもUを膝の上に抱いてやったりします。しかし、Uは基本的に表情があまりなく、すぐに泣く、何かと「イヤー」と言ったり「アーン」と泣きわめいたりします。

私たちは、何かUがすごく「やっかいな子ども」になってしまったように感じ、とまどいと不安を感じます。この日、「Uの無表情・拒否癖（ネガティヴィズム）・反抗期」について次のようにまとめています。

①ここ一週間ほど前から、Uの表情がなくなっています。一人で遊んでいるときもあまり楽しそうではありません。

②パンツ・ズボンを自分ではこうとはまったくせず、すぐに「はかせてー」と訴えます。「箸で食べること」「靴を一人で履くこと」など自分でやろうとする意欲をあまり見せません。レゴブロックなども自分の思うとおりにならないと、すぐに「エーン」「アーン」とムズ声をわざと張り上げて泣きムズ声で訴えます。「お兄ちゃんみたい」などのおだてにものりません。

③私たちがUの喜びそうなことを提案しても、「行かない、お留守番してる」などと拒否することが多いのです。「イヤ」との拒否も多いのです。

④近頃、我々がおだてたり、理屈で納得、説得、言い聞かせようとしても、言うことを聞かなくなってきています。「〇〇して！」とUが訴えるとき、「△△してから、〇〇してあげる」などと言っても、「いまー！　いまー！、今してー」とうるさく声を張り上げます。以前は、Uは指示に対して比較的素直な聞き分けのよい子だったのに大きな変貌です。

⑤今日、MがYの世話をし母乳を与えようとすると、Uは「ダッコしてー」「ダッコ」と

Mに訴えたり騒いだりします。

　この日、Mは日記に次のように書いています。「U最近大荒れ。一日中まったく楽しそうではなく、へそ曲がり風に口答えして自ら不幸にしている感じ。その合間に「おかーしゃん抱っこしてー」（二晩祖母の所に泊まり今日帰ってくる）。応対に疲れてしまう。なんとかしてUに楽しい時間を作ってやりたいと思うのだが、細々と用事があり、なかなか遊んでやれない。少し相手をしかけてもすぐに中断してしまったり、できるだけ昼寝の間に用事を済ますようにしているのだが、授乳、おむつ替え、食事のしたくと後片付け、UとYの沐浴、セールスマンとの対応などひっきりなし、何か用事があるのでかまってやれない」。

テレビの中に入ってビデオの中にいる父親と遊びたい

　Uが3歳1ヶ月19日に、私たちの家に初めて一四インチのカラーテレビが届きます。これ以降、わが家もテレビのある環境になります。この日の夕食後、Uの1歳6ヶ月22日から1歳8ヶ月10日までを録画してあるVTRテープを再生し、テレビで初めて見ます。Uはテレビの中で、Fがヌイグルミなどを操りUの相手をしているのを見て羨ましくなり、「あのテレビの中に入れたらいいのに、お父さんと遊べるのに」と何度も言ったり、また「穴があったらいいのに」（テレビの中に入れる穴）など盛んに言い、テレビの中に入りたがります。私たちもUの「拒否癖（ネガティヴィズム）の爆発」を受けて、なるべく「ダメ」などの禁止のことばを少なくし、心して相手をしてやるという方針をたてて、なるべくUの相手をするようにします。そのためか、3歳1ヶ月の最後の一週間は比較的平穏に過ぎています。3歳1ヶ月25日には、公園でユウカちゃんに会いますが一緒には遊ばず、もっぱら一人遊びで、何度もMに「一緒に遊んで」と訴えています。しかし、公園からの帰り道に、自分から「明日は、お外で、お友だちと遊ぼう」と言ったりしています。自分でも、外（公園）では他の子ども（お友だち）と遊ばなければいけないと感じているようです。この時期、表情はかなりよくなっています。

二つの勝ち負けルールの理解

Uは幼い頃からMもFも一対一でよく相手をしてやったせいか、「遊びのルール」について実によく分かっています。七月五日、雑誌の『ベビーブック』にパーマンが「引っ張り相撲」をしている絵があったので、MがU（3：1.13）に「引っ張り相撲」のやり方を教えてやります。夜七時にFが帰宅すると、もう夕食を終えていたUが側に来て、「お父さん、引っ張り相撲をしよう、引っ張って転んだ方が負けだよ」など「引っ張り相撲」の勝ち負けについてうまく説明してくれます。Fは「ご飯すんでから」と応えます。八時に、Fは「引っ張り相撲」をしてやります。今日は六畳と四畳半の境の襖がはずされています。Uの知っていた相撲の勝ち負けは「転んだ方が負け」だったのですが、Fはその場で新しいルールを提案します。まず、畳の四畳半はFの陣地、カーペットの六畳をUの陣地にします。そして、紐を引っ張り合って、境の敷居を越えて、相手側の陣地に入った方が負けという新しいルールです。その場で初めて教えたにもかかわらず、三回ほどやって見せ教えると、Uはすぐこのルールを理解します。そして「引っ張り相撲」をします。Fは半分ほどは負けてやります。次にUは自分から「今度は転んだ方が負け」とルールをチェンジします。Uがはじめに知っていたルールです。何回かこのルールで勝負し、しばらくすると、Uは「ここ越えたら負け」と、Fの教えたルールにまたチェンジします。Uは二つの勝ち負けのコードがあることを理解し、それを活用することができます。問題は、このような力を発揮できる友だちに出会えないことです。

3　3歳2ヶ月のU：平和な小康状態、友だちと遊ぶ

友だちとの仲間関係

3歳2ヶ月3日、関東に住んでいる従兄のシマ君（2: 9,7）一家が遊びに来て一泊してくれます。シマ君は車が大好きで、「修理工場」などと言ったりします。二人の発話は会話にはなっていません。一方の発話が他方の発話に影響するといった形でなされている平行遊び的な、互いに影響し合う独り言です。Uとシマ君、実に楽しそうによく遊べます。二人とも

相手に強く働きかけたりはしません。実に平和的に遊びます。シマ君もあつかましく出しゃばる子どもではなく、どちらかというと抑制的になってしまう方です。互いの気質が合っているようです。次の日には、シマ君（2：9,8）は、Uの真似を実によくしています。シマ君と楽しく遊べたことが、友だちと遊ぼうという意欲を引き出したようです。

3歳2ヶ月8日には、家の近くでタイチ君（2：6,29）がもう一人の男の子と三輪車でウロウロし始めているのを見て、Uが「三輪車出して」と言うので、Fは三輪車を出してやります。タイチ君ともう一人は、FとUの前を通り過ぎて、団地の集会場の方へ去って行きます。Fが「U君、『まてー』って追いかけてごらん」と促すと、Uも三輪車で集会所の方へ追いかけて行きます。集会所の西側に回り、FからはUの姿が見えなくなります。その後、二～三分して集会所の方からUが戻ってきます。Uが他児を追いかけて三輪車に乗ったのは初めてのことです。また、この日の夕方、Uは公園でハルカちゃん（2：7）という子とも遊び、ハルカちゃんにいろいろ教えていたそうです。3歳2ヶ月12日には、夕方Uのリクエストに応えて三輪車を出してやると、滑り台近くにいるマヤ君（3：2）とマキちゃん（1：6）などの側に行き、ハンドルの電池のブザーを鳴らしたりしています。二人はすぐUの三輪車に近寄ってきます。近くでは他児の母親三～四人が立ち話をしているので、FもMも家（団地の一階）の中に入ってしまいますが、Uはその後一五分ほど外遊びをして、三輪車で家に戻ってきます。いよいよ友だちと遊ぶ楽しさが分かってきたようです。

季節は夏の盛りです。暑さのためか公園に出てくる子ども（親子）の姿はめっきり少なくなり、外で友だちと遊べる機会もほとんどなくなってしまいます。お盆の前後の六日間、私たち一家はFの実家祖父母宅で過ごすことになります。この間、従兄のノリ君（Uの四ヶ月年長）が毎日のように祖父母宅に遊びに来ます。ノリ君は、すぐにUを攻撃します。Uの顔をたたいたり、後ろから抱きつき首を押さえたり、顔を手で押したりします。Uは口でノリ君に注意しますが、その効果はまったくありません。Uは相手が悪いときは、「キミのせいだよ」と言いますが、ノリ君もすぐ真似て「キミのせいだよ」と言い、二人の押し合いになってしまいます。仲良く遊ぶこともあるのですが、ノリ君は何かとすぐ攻撃してきます。側に人がいると、ノリ君もUの嫌がることをあまりせず、結構仲良く遊べます。ノリ君は、大人に叱られたりすると首をうなだれ落ち込んだ表情で「ぼく寂しいの」と言って、大人にアピールします。仲間と楽しく遊ぶというのは、決して簡単なことではありません。また、「幸か不幸か」といった二者択一のものではなく、「幸」あり「不幸」ありの、「甘く」もあり「苦く」もあるものだといえるでしょう。

兄がしゃべると声をたて笑うようになった弟

夕食後ベッドでY（0；3,22）が騒ぎ始めるので、FがYを抱き上げ椅子に座り、膝の上にYを座らせていると、U（3；2,0）が前にやってきて遊んでくれと訴え始め、さかんにしゃべりかけてきます。すると、驚いたことには、YがUのしゃべるのを見て実に嬉しそうに「クッフフ、キャッフフ」と笑い始めます。Uがしゃべる度に、Yは声を立てて笑います。3歳2ヶ月16日には、Uはしっかりしてきた Y（0: 4.8）を可愛く思ってきたようで、自分からベッドに寝かされているYを可愛がりに行くようになっています。Yは対象に注目し、ぎこちなく手で触ったりつかんだりするようにもなってきています。そのためか、Uはいろいろな玩具をYに与えたりします。Yに対する意識が微妙に変化し始めてきているようです。

観察11　U（3歳2ヶ月19日）　私たちが昼食をとり始めると、畳に寝かせているY（0: 4.11）がお腹をすかして泣き始めます。食卓椅子に座っていたFがYを抱き上げ、膝の上に座らせます。Yはすぐおとなしくなります。するとこれを見て食卓を挟み正面にいるUが「Uちゃん、ちっちゃいときこうやって座ってたの？」などと言います。これは私たちがYをこのように膝の上に座らせたときよくそのように言うためです。UとFとが食事をしつつこのようにしゃべり始めるや、Y（0: 4.11）がUの方を見つめ、Uがしゃべるのに合わせるように身体をピョコピョコ揺すり始め、そして声をたてて笑い始めます。見物させてもらうのが楽しくて楽しくてたまらない様子です。Uがしゃべるのに反応するように三～四回声をたてて笑います。その後は、Fがわざと笑い声を立てたりしますがもう笑いません。Fが焼きめしをスプーンですくい、ゆっくりスプーンを口に運ぶのを、Yはスプーンを目で追い、首を右に回して見上げるようにして見つめたりします。人が食べ物を口に運ぶのを注目することができるようになっています。

膝の上に座らせ、食事に参加させるようになるとずいぶん人間らしくなってきたと感じるものです。私は長男Uが生後3ヶ月17日の時に「Uが何かとても人間らしくなったように感じる」、生後4ヶ月24日に「Uが家族の一員になった気がする」と日記に書いています（麻生、一九九二、一七二頁）。Yが人間らしくなってきたのを感じて、Uは初めてYと平等に自分を扱って欲しいと訴えるようになっています。Uが3歳2ヶ月22日の時のことです。MがY（0：4.14）を抱いていると、Uが「抱っこ！　抱っこ！」と訴え始めます、そこで、MはYを下に寝かし、少しだけUを膝の上に抱いてやります。そして、Uを膝から降ろすと、Uはすぐさままた「抱っこ！　抱っこ！」と訴えます。Mが「もうイヤ」と拒否すると、Uは「Y君と同じくらい抱っこしてー、もっと長いことしてたじゃない」とYのことを引き合いに出して訴えます。Uが、自分と弟とを平等に扱えと訴えたのはこれが初めてのことです。Uなりに、Yをライバルとなる家族の一員として感じ始めているようです。Fは「お父ちゃんの赤ちゃん」と言って、Uを抱いてやったりしています。Uは抱かれて満足なときもあれば、「『この赤ちゃん変だなー』って言って」とFに言わせる台詞を指定して、「この赤ちゃん、ほら歩けるよ」と言って歩いて見せたりもします。Fが「変だなー、この赤ちゃん歩けるよ」と言ってやると満足な様子です。

ぼくのこと可愛がってくれてるの？

ライバルの弟が親に可愛がられているのを見ると、自分も可愛がられているのか心配になるようです。Fと入浴した際に、U（3；2,16）は「お父さんはいつもUちゃんのこと可愛がってくれてるの？」と尋ねています。Fは「そうだよ」と答えます。FにUがこのように尋ねたのはこれが初めてのことです。風呂から上がったUの身体を、Mがバスタオルで拭いてやっているとき、Uは「お母さんは、いつもいつも、Uちゃんを育ててるの？」とMに尋ねています。これは最初はMの台詞だったようです。この頃、Uは風呂上がりにいつもこのように言っています。Fがこの台詞を耳にしたのはこれで三回目です。

2 第1期（弟・Y）：背伸び、チンピラ化した兄の模倣

［弟（3；0）〜（3；2）兄（5；10,8）〜（6；1,7）］

ここからは、生後四ヶ月であった弟のYが3歳になった頃の話です。同じ3歳と言っても、下に赤ちゃんがいるのと上に兄がいるのとでは、雲泥の差があります。特にこの時期、Uは幼稚園年長組になったばかりで、ストレスがあるのか乱暴なことばを使い、非常に攻撃的になっています。Yはその影響をもろに受けています。

1　3歳0ヶ月のY：分からなくても背伸びでケンカも

憧れのモデルは兄貴

Yにとって憧れのモデルはUです。FとUとが相撲しているときなどは、よく「Uちゃん頑張れ！　Uちゃん頑張れ！」と応援します。そしてUが勝つと、Yは「やったー！　やったー！　僕のお兄ちゃんが勝ったー！！」と実に嬉しそうに言ったりします。3歳0ヶ月18日の時、Fが「Y君、お父さんみたいになりたい？」と尋ねると、Yは「Y君、Uちゃんみたいになりたい」と答えています。次の日に、Mが同様のことを聞くと、Yは「Uちゃんとお父さんになりたい」と答えます。そこでMが「おかーさんになりたい？」と尋ねると、Yは「なりたくない」と言い、Mが「どうして？」と聞くと、「だって、おかーさんチンチンないもん」と答えています。Uをモデルにして、自分の性についてのアイデンティティもすでにしっかりできているようです。兄貴のUは、Yにとって自分の強い分身です。

観察12　Y（3歳0ヶ月20日）　MとYとが団地の棟の前で家に戻ろうとしているときのことです。トシキ君（3歳後半）と知らないX君の二人が自転車に乗ってやって来て、Yに向かって「バカ！」「アホ！」「帰れ！」などと、攻撃的なことばを投げつけます。Yはむっとして、何も言わずにらんでいるだけです。Mが「こら、そんなことを言ったらダメ！」と叱りますが、二人はなにやらまくしたてて弁解して、反省する様子はありません。二人と別れて、Mが「悪いねあの二人」などと言い階段を登り、三階の家に戻ります。玄関を入ると、Yは「あした、ボクのお兄ちゃんにやっつけてもらうからなー」と言います。あまり強くはない兄ですが、Yにとっては心の支えなのです。

また、自分の分身である兄が親に叱られると弁護したくなるようです。

観察13　Y（3歳0ヶ月27日）　Fの伯父（77歳）と伯母が来訪している最中のことです。FとMとが伯父伯母としゃべっていると、U（5：11,4）がMに遊んでくれとうるさく訴え始めます。うるさくて伯父の話が聞こえず、FがUの口を手で押さえると、Uは怒り「お前が黙れ！」などと叫びます。その後、伯父伯母が帰宅しますが、Uはゴロゴロして挨拶もしません。FとM（Yを抱き）とは階下まで二人を見送ります。そして、三階に戻るとき、Fが「Uちゃんを叱らなくちゃ」と言っていると、Yは「Uちゃん悪いことしてないよ」とUをかばおうとします。

兄とすごい口ゲンカもするが、兄と遊ぶのは楽しい

3歳代の長男Uは、公園で少し意地悪をされただけでとても理不尽に感じ、深く傷ついていました。次男のYの場合は、兄に少々言われたりやられたりするぐらいでは、傷つかないようです。その理由は二つあるように思います。一つは、兄弟関係のトラブルは頻度が多く慣れるため、その分タフになることです。もう一つは、兄弟ゲンカは親の目の届く範囲内で生じることが多いので、年下のYは兄の過度の暴力や理不尽さからは保護されていることです。Yは、Uの攻撃的な乱暴なことばにも負けずにやり返しています。

観察14　Y（3歳0ヶ月1日）　夕食後のことです。YがUのチョロQ（玩具の車）を勝手に出そうとするので、Fが「Uちゃんに、貸してって言わなくちゃ」と言うと、Yはすなおに「Uちゃん貸して」と言います。するとU（5: 10,9）は怒った声で「貸したらへん！」と拒否します。Fが「使ってないなら、貸したげて……」と声をかけますが、Uは「使ってないときでも、ダメなもんはダメなんや！」と主張します。Fが「Y君は、今日もらったブロックもUちゃんに貸したげてるし、ロム・ストール（超合金ロボ）だってUちゃんにあげたじゃん」と理詰めで言いますが、Uはますます怒ります。その後、Yが「前、UちゃんY君のおもちゃ使ったじゃん」などと言うと、Uは「いつ使ったって言うんや」「言ってみろよ、はやく言えよー」とケンカ腰でつっかかってきます。Yが「今日」と答えると、Uはますま

すケンカ口調で「使ってへんやろー！」「今日のいつ使ったって言うんや、言ってみろ！」「はやく言えよー！」と追及してきます。Yは「今日の朝」とよく分かっていなくても口から出任せで切り返しています。Uが理詰めでつっかかってくるのに対して、Yはよく分かっていなくても、口先で何とか言い返します。それにしても、Uのことばはものすごく攻撃的で、ゴロツキのようです。FとMが、Uのことばを注意すると、Uはますます怒ります。ブロックにも「ブロックのあほー！」「あほー！」と八つ当たりします。この時は、ことば使いを注意するFに、Uは怒り、殴りかかってきています。

この時期、UがゴロツキのようなことばでYを罵倒し、Yもそれを真似て言い返すので、すさまじい口ゲンカになることが何度かあります。3歳0ヶ月20日にも、UとYとは、まるでゴロツキのような言い争いをしています。U（5: 10,28）が「なんやねん、お前のとこにこんなんあるかー、ないやろー」「それがどうした」「言ってみろ、へー、言えへんのか」などと挑発すると、Yもまったく負けずに、このような言い方でやり合っています。また、YがUに対抗してわめきちらすと、Uはすぐに手を出しYをたたきます。そのような時には、FはUを叱ったりしていますが、Yの方も負けずにUをたたきに行くこともあります。

観察15　Y（3歳0ヶ月14日）　イチ君（5: 4）、アミ君（6: 11）、タケ君（4: 11）の常連三人が家に遊びにきているときのことです。畳の部屋で、U（5: 10,22）とYがすごいケンカを始めます。Yが泣きつつ、Uを手でなぐりに行くと、寝転がっているUは足で蹴り返し防戦します。Yがギャーと言いつつ向かって行くので、U、イチ君、アミ君、タケ君たち四人は「こわー」と言って、和室から居間を通り子ども部屋へ逃げていきます。すると、Yは、和室に（ベランダから）取り込んであった布団に怒りをぶつけるように、布団に「ウン！　ウン！」とゲンコツをぶちかましています。Mが側に行き「Y君くやしいねー、Uちゃんに負けたの」と言うと、Yは「ウン」と言い、また口惜しさが押し寄せたように布団をぶちかまします。最近、Yは口惜しい思いがときどきあるようです。

Uが Yの相手をしてたっぷり遊んでくれるときは、そんなに多くはありませんが、うまく歯車があうととても楽しく遊べます。

✎観察16　Y（3歳0ヶ月3日）　超合金の人形型戦士ロム・ストールと、それを格納できるバイカンフー、ケンリュウという二つのロボットがあります。U（5: 10,11）とYは、一人がそれら二体を戦わせて、一人がそれを見学するという遊びをしています。まず、Uがロム・ストールを手にしてバイカンフーと戦わせます。ケンリュウを手にしているYは見物役です。ロム・ストールが勝ちます、そしてUが「次、Y君の番」と言います。今度はケンリュウの出番です。Yは、ケンリュウをバイカンフーと戦わせます。Yが半分背中をUに向けているので、Uが「Y君、よく見えないよ」と言います。はっきりUに見えるようにして、改めてYがケンリュウとバイカンフーを戦わせ、ケンリュウを勝たせます。このように二人は、見物役と、ロボット二体を操り戦わせる役とを、交互にして遊びます。二人は実に仲良く遊んでいます。Yがこのように U にたっぷりと遊んでもらうのは、久しくなかったことです。Uがピップエレキバンの磁石をシートからはずし、YはUのようにはずせないと、「お兄ちゃん、できないよ」と手助けを求めます。YはUのすることを、すぐに続いて真似をして「Y君、二番隊長」と言ったりもします。Uが「一番隊長」と言ったわけではありません。これは、近所のUの一学年上のドン君がいつも「俺が一番隊長、誰が二番隊長になる?」などと言ったりするためです。この場では、Yにとって「一番隊長」は当然「お兄ちゃん」です。

兄の仲間集団に周辺的に参加、空気を読みつつ

Uの3歳代に比べると、Yの周りにはたくさんの子どもたちがいます。家に遊びにくるUの友だちが多いからです。団地には同じ年頃の子どもたちが大勢います。しかし、Yは自分と同い年の子どもたちと遭遇する機会はそう多くはありません。交流するのは、いつも年長の子どもたちです。毎日たくさんの子どもたちが遊びにきます。その一例を紹介しておきます。

✎観察17　Y（3歳0ヶ月3日）　①昼からU（5：10，12）の友だちのイチ君（5：2）が家に遊びにきています。そこへ、一学年上のドン君（6：2）（小二）も遊びに来ます。ドン君が「誰が隊長さんになる？」、そして「U君、隊長さんになるか？」とUに尋ねます。「隊長さんごっこ」というのはドン君の一八番の遊びです。以前は、自分から隊長と宣言していましたが、ずいぶんソフトな出方です。Uが「うーん」と渋ると、ドン君が「誰がなる？」と再度尋ねます。そこで、Uが「ドン君、隊長さん」と言うと、ドン君もイチ君も「うん」とそれに賛同します。隊長になったドン君は、さっそくみんなに、さまざまな命令を次々出していきます。これがドン君の「隊長さんごっこ」です。イチ君は、いろいろ命令されてばかりいるので面白くありません。途中で「もうやめた」と宣言します。そして、隊長さんごっこから抜けて、2歳年下のYに「Y君、遊ぼう」と誘いかけます。ところが、Yは生意気にも「自分で遊んどけー！」とイチ君を拒絶します。隊長のドン君と、その家来である自分たちが、主流派であることを十分に意識した発言です。イチ君は再度「遊んで」とYに頼みますが、Yは「いやや」とまたも拒否します。

②三時のおやつで「隊長さんごっこ」は中断です。その間に、小学三年生のタカ君と弟タケ君（4：11）が遊びに来ます。子どもは全部で六人です。おやつが終わり「隊長さんごっこ」の再開です。しかし、イチ君（年長）とタカ君（小学三年）とタケ君（年中）の三人はそれに参加せず、子ども部屋でドラゴンボールのゲーム盤で遊び始めています。残る三人、ドン

君とUとYは、居間あたりにいます。隊長のドン君がUに、「みんな何してるか見てこい」と命令します。Uは子ども部屋に行き、戻ってきて「隊長さん、みんなゲームをやっております」と報告します。そして、すぐ子ども部屋に戻り、ゲームに参加し始めます。Uが戻ってこないので、ドン君は、「何をしてるか見てこい！」と今度はYに命令します。Yは偵察に行き、戻ってきて「ゲームをやっております」と隊長に報告します。Yは3歳も年上のドン隊長に相手してもらい楽しそうです。年上の子どもに役割を与えられ、その役目を果たしたことを評価されることは年下にとって実に嬉しいことです。そのような部下をもってドン隊長もよい気分だったようです。小学一年のドン君は、四時になり母親が迎えに来ますが、もっと遊んでいたくて泣きながら帰宅しています。

イチ君もタケ君もよく家に遊びにきます。Uとイチ君は幼稚園年長組で同学年ですが、タケ君は一学年下の年中組です。タケ君がUとイチ君のグループから外れると、Yはタケ君と遊びます。このように、Yは家に遊びに来た子どもたちの中で、遊びの中心グループから外れた相手と遊ぶのを常にしています。年長児とチャンバラやプロレスをして、痛いめにあい泣くことも多いのですが、泣くのは恥と感じているようで、できるだけ我慢しているようです。年上の子どもたちに混じって遊ぶことが多いので、精一杯背伸びして頑張っています。3歳0ヶ月10日には、Mに「Y君まだちっちゃい？」と尋ねています。自分が遊び集団の周辺にいることは、たっぷり意識しているようです。Yは他児になれているのか、けっこう社交的です。約三年上のハナちゃん（5：7）が相手してくれると楽しそうに遊んだり、初対面に近いヨシコちゃん（2：4）とうまくママゴトで遊んだりすることもできます。しかし、まだ自分の独自の友だちというものはもてずにいます。

批判されるとすごく傷つき、嘘をついてでも自己防衛

この時期、Yは自分の権利を主張するために白々しい嘘をよくつきます。Uとの争いでは、でまかせで「Y君が先に見つけたのにー」と言ったり、「だって、Uちゃんが先に蹴ったんだもん」などと実に白々しい嘘を言い、それを親がそれは事実ではないと否定すると、泣きわめき断固自分の非は認めないといったことがよくあります。

観察18　Y（3歳0ヶ月21日）　昼食、UとYは「サンドイッチ」を与えられ、FとMとは「焼き飯」を食べています。Yは自分の前に「焼き飯」がないのを見て、「Y君ぶんないよ」と言います。Mが「Y君、さっきサンドイッチって言ったやん」と言うと、Yは「サンドイッチ、ごはんって言ったわ」と主張します。Mが「言ってないよ」とそれを否定すると、Yは泣きかけて叫ぶように「言ったわ！、言ったわ！」と叫びます。Mが「言ってない、Y君、嘘言ったらダメ」と言うと、Yは「言ったわ！、言ったわ！」と断固主張し始めます。Mが

「Y君、サンドイッチがいいって言ったやん、焼き飯にしようって言ったら、イヤって言ったやん」と追及しますが、Yは「言ったわ！、言ったわ！」と泣きわめき主張を引っ込めません。そこで、Mが「焼き飯が欲しいの？」と尋ねると、Yは「うん」と言うので、Mが自分の焼き飯をYの皿にも分け与えると、Yは泣き止みます。Mが「Y君サンドイッチって言って、焼き飯イヤって言ったのに、Y君ずるい」と言うや、Yは「かわいい」と言います。自分は「ずるい」のではなく「かわいい」のだと、自分の主張の理不尽さを「かわいい」という概念で自己防衛しているようにも感じられます。Fの下着姿を見てもY（3：0,10）は「お父さんかわいい」と冷やかすように言っていますので、その意味は少し怪しいのですが。

この種のわけの分からぬ自己主張はこの時期数多くあります。Yにとって重要なことは、自分の意思を貫徹することです。半ば親の理屈が分かるだけに、それに負けていては自分の意思がつぶされてしまいます。この時期に、Yは「なぜ？」「どうして？」といった疑問を抱けるようになっています。たとえば、Y（3：0,12）は夕食の時大人には大きく切ったタコブツで、UとYには薄く切ったタコとわかめの酢の物だと、「なんで、大人だけでっかいの食べるの？」と尋ねます。また、夜寝しなにY（3：0,20）は「どうして壁って倒れてこないの？」と疑問に感じるようになっています。Fと相撲をして自分が負けると、Y（3：0,24）は「お父さん、後出し」と抗議するようになっています。自分が負けるのは不当なのです。

ジャンケンに負けたなら、相手が後出ししたに違いないのです。相撲だって同じことです。なぜ、自分の主張が通らないのか、思うようにことが運ばないのか、そんな理不尽なことは絶対に許せないのです。

観察19　Y（3歳0ヶ月30日） 食卓椅子にYが座っています。Yの側にいたMが洗濯をするため浴室の方に去っていきます。丁度その瞬間に、Yが「お水ちょうだい」と要求したのです。Mが去ってしまったので、代わりにFが蛇口から水を汲みコップを前に置いてやります。すると、Yは「おかーさんに入れて欲しいの！」と泣きわめき抗議します。せっかく入れてやったのにと、Fは少しムッとして「そんなら泣いとき」と返します。すると、Yは「ギャー」と泣きわめき、Fに向かって「バカー！　バカー！」と叫びます。そして、Fを見つめて「バカー！」と言い、テーブル上にあった水性ペンを手にして、Fをにらみつつ「そんならここに描いたろか？」とやくざの脅しのように言います。Fが黙っていると、Yはテーブル上の広告の紙（絵を描くときテーブルを汚さぬよう下に敷いてやった紙）に少し水性ペンで落書きします。Mが浴室の方からもどって来ます。そしてYを見つめ「今バカって言ってたの誰？　誰にバカって言ったん？」と少し怒った口調で尋ねます。Yは白々しく「言ってないもん、そんなん言ってないもん」と答えます。Mが「今、言ってたでしょ」と問い詰めると、Yは泣きわめき「言ってないもん！」と言い張ります。Mが「Y君嘘つくのはダメ、今、言ってたよ」と言うと、Yはさらに泣きわめきます。Mは泣きわめくYを抱きかかえ、和室の方に連れて行きます。Mは「ギャーギャー」泣きわめくYを抱きつつ、「なぜバカって言ったのか？」「嘘つくのはダメ」などと言い聞かせています。

Yがこのように「嘘」をつくことはきわめて多いのですが、これは遊びに来る年長組のイチ君や年中組のタケ君などから学んだことのようにも思われます。彼らも自分が非難されたと感じるや躊躇なく「嘘」を言い張り、自己防衛します。三人に共通しているのは「人を騙す」意図や知恵などまったくもたず、とにかくその場しのぎの「嘘」を言い、他者の非難から自分の身を守り、自己の主張を押し通すことです。兄のUは3歳0ヶ月や3歳1ヶ月頃に拒否癖（ネガティヴィズム）を示していたことは、すでに紹介しました。Uは、弟に奪われた親の関心を再び自分に惹きつけるために、敢えて親の意図に逆らって自己主張しているかのようでした。重要なことは親に、自分の存在や自分の意思を認めさせることなのです。観察18や19のYの自己主張は、その点では同じだといってよいでしょう。要求が通らないから泣きわめいているわけではありません。Yは、自分が非難されることに我慢ならないのです。嘘をついたか否かなどはどうでもよいのです。「嘘をついた！」と自分を非難することが許せないのです。そこにみられるのは、強情と親の権威に対する反抗です。現象形態はかなり違いますが、いずれも「3歳の危機」を示す、拒否癖の例とみなせるように思います。

2　3歳1ヶ月のY：周りをよく見て同調し背伸び、兄貴の真似でチンピラ

背伸びして年上の子どもたちと遊ぶ

ドン君は小学校一年で「隊長ごっこ」で年下の子どもたちに命令するのが好きな子どもです。Uやイチ君やタケ君は、すぐに命令されるのでドン君を苦手にしています。家の外で、ドン君がYを棒でたたいては「Y君、痛いか?」と尋ね、Yが「痛くない」と言うと、また棒でたたき「痛いか?」と尋ね、これを繰り返し、Yが泣き出すまで繰り返したという出来事がありました。その数日後には、今度はわが家でドン君が、Y（3: 1.13）に積木をきつく押しつけ「Y君、痛いか?」と尋ね、Yが「痛くない」と言うと、ドン君がまた積木を押しつけるといういじめ遊びを始めています。この時はFが気づいて、ドン君に注意していじめ遊びをやめさせました。感心するのは、Yは試練と感じるのか、我慢できることを誇らしげにしていることです。年長者のしごきに合うのは、年長者に認められている気がするようです。

その二日後のことです。Y（3: 1.15）が仲間関係をよく観察し、それを言語報告できることが分かります。Uが仲間と外遊びをしています。Yはその仲間には入れず、一人で近くの砂場に遊びに行きます。三階のベランダからMが見ると、砂場には、チヨちゃん（3歳）と

ドン君（6歳）と弟のブン君（3歳）とタケ君（5歳）とYがいます。チヨちゃんが、タケ君に水をかけ、次にドン君にも水をかけます。すると弟のブン君が怒り、チヨちゃんの顔に水をかけ、チヨちゃんが泣き出します。その後、おやつで呼びにMが行くと、Yは先ほどのエピソードをMに報告します。Yは「えーと、チヨちゃんが、何もしてないのにタケ君にお水かけた、それからドン君にもかけたの、そしてブンちゃんがチヨちゃんにお水かけてくれたの、そしてチヨちゃんが泣いたの」と言います。悪いチヨちゃんをブン君が成敗してくれたと感じているので、「お水かけてくれたの」と表現しています。仲間関係のトラブルをよく観察しています。この頃になると、よく遊びに来る2歳年上のタケ君を自分の遊び友だちと思っていたようです。タケ君は約1歳上のUと遊ぼうと思ってくるのですが、Uは同級生がいると、一年下のタケ君とはあまり遊ぼうとしないので、しかたなくYを遊び相手にしていたようなのですが。

✎観察20　Y（3歳1ヶ月18日）　遊びに来ていたタケ君（5：1）とYとが何かのトラブルでケンカし、タケ君が「ワーン」と泣き出すという事件が起こります。Mが行き、何が起きたか尋ねると、Yがタケ君をたたいたというので、Mが「たたいたらダメでしょう！　Y君、タケ君にゴメンなさいって」と謝るように指示します。Yが「ごめんね」と謝りますが、タケ君は泣いて家に帰ってしまいます。すると、Yは「タケ君、泣いて帰りおった」と得意そうに言います。MがYに詳しく聞くと、トラブルがあって、まずタケ君が「そんなら泣かしたるからな！」と言ったので、Yがパンチを出すと、タケ君の目に当たり、タケ君がワーンと泣き出したと言います。自分の出したパンチがあたってタケ君が泣き出したというのは、Yにとって晴天の霹靂のような出来事だったようです。その後、「タケ君、泣かしてやった」と自慢しています。

その二日後には、Y（3；1,20）は、遊びに来たタケ君に対して「何言うてんねー！」などとすごく生意気な口をきいています。その後、Fが帰宅してからも、Yは「○○○やんかー！」「○○○やでー！」「やったろかー」などと偉そうなことば遣いがきわめて多くなっています。どうも一昨日、タケ君を泣かしてからすごく自信をつけたようです。いささか自我が肥大しているようにも感じます。次のエピソードからもそれがよく分かります。

観察21　Y（3歳1ヶ月23日）　①昼前、タケ君（5；1）がYと遊びに来ています。しばらくして、タケ君が書斎にいるFのところにやって来て、「おじちゃん、Y君嘘つきはったよ、Y君いくつ？って聞いたら、5歳って」、Fが子ども部屋に行くと、タケ君はYに「お前は嘘ついたやろ、なんで嘘つくねん、なんで嘘ついてん！」とすごいケンカ腰で追及します。Yはそれに腹をたてつっかかり始めます。Fが「Y君まだ小さいからよく分からへんねん」

と間をとりもとうとすると、タケ君は「分かってるわ、もう3歳やもん」と言います。Yは、3歳0ヶ月9日に、Fが「Y君いくつ?」と聞いたときにも「5歳」と答えています。3歳の子が自分の歳が分かっていないなど、タケ君には想像もつかないことだったのでしょう。

②その後、二人は仲良く遊んでいますが、そこへ幼稚園からUが帰宅します。その後トラブルが発生します。以下はUが後に語ったことです。Yと遊んでいるタケ君が、「Uちゃんとは遊ばへん」とUを排除したというのです。そこで、Uはすぐに「いいもん、お前とは遊ばへん」と言い返します。タケ君は「いいもん、Uちゃんとは遊ばへんもん」と互いに拒否し合います。Uは「じゃあ、Y君遊ぼう」と、Uが玩具を手にしてYの相手をしようとし始めると、YはすぐにUに同調します。二人が遊び始めると、タケ君が「仲間に入れてくれへん」とつぶやきます。それを聞いて、Fはそれ以前のやりとりはまったく知らずに、タケ君に「一緒に遊んどいで、Uちゃん、タケ君も入れたげ、三人仲良く遊び」と三人に言います。しかし、Uは先のやりとりを踏まえ、タケ君に「お前とは遊ばへんもん」と言います。するとYもすぐにUに同調して「お前とは遊ばへんもん」と言います。タケ君は涙ぐみ帰ってしまいます。

③その後のことです、今度は、仲良く遊んでいたはずのUとYがトラブルになります。Uが「もうY君とは遊ばんとこ」と言うや、Yは「弟にならへんからなー」と言い返します。自分が、「弟」である意味が分かっているのか怪しいような発言ですが、兄にことばで対抗

する力はすでに身につけています。

子ども同士の関係というのは、排除や暴力もあるなかなかシビアな世界です。Yは、空気を読み、場の主流派に同調して、強そうな言い回しを模倣してその世界で生き抜こうとしています。親をはじめとする大人とのコミュニケーションをベースにし、そこで学んだ交渉技術で、仲間世界に足を踏み入れようとしたUとはずいぶん様相が異なります。

親の批判を受け付けず、自己正当化

この時期、Yはものすごく生意気になっています。自分が悪いと他者に批判されることに我慢ならないようです。３歳０ヶ月30日の観察19でもそのような様子がみられていますが、それがますます激しくなっています。

観察22　Y（3歳1ヶ月0日）　家にドン君（6歳）、ブン君（3歳）、タケ君（5歳）、イチ君（5歳）の四人が遊びに来ています。Yはブン君と仲良く遊べます。これはほぼ初めてのことです。今日は誰もケンカせず平和に遊べています。Uはレゴで作品を作っていたのですが、Yがその一部を壊してしまいます。Uが怒ります。そこで、Mが「Y君壊したらゴメンなさいって言わなくちゃあ」と言うと、Yは「すべったから」と自己正当化し、さらにMが「壊したらあやまらなくちゃ」、「ゴメンなさいって」と言うと、Yは怒り「すべっただけや！」

と抗弁し、Mを「バカー！　バカー！」とたたき始めます。Mが「たたいたらダメ、そんなことでたたいたらダメ……」と言いますが、Yは叱られてますます泣きわめきます。周りの子どもたちに「そんなんおかしい」と言われ、みんなに笑われてしまいます。

Yは親に注意されることや、非難されることで、すごく自我が傷つくようです。家族の中でも、遊び仲間の間でも最年少です。押しつぶされそうなプライドを維持しようと必死です。3歳1ヶ月9日には、台所に置いてあったタマネギの袋の上にのって（今日二度目）、Mに「ダメ！　こら！」と叱られます。すると、Yは「もっと向こうに置いといたらいいじゃんかー」と抗弁して、足を下ろします。その時タマネギの皮が散らばってしまいます。Yは「自分でやったのは、自分でかたづけなくちゃあ」と言って、そのゴミをつまみゴミ箱に捨てます。これも先手を打って、Mに注意されるのを回避するための行動のようです。3歳1ヶ月11日には、Mが何か言ったのをYが「ウソー」と言うので、M「ウソーなんか言わないの」と注意すると、Y「だって、タケ君だって言ってたもん」と何度も繰り返し自己正当化し、Mが「嘘言ったらダメだよ」と念を押しますが、「いいの！」と言い張っています。同じ日、Yがテーブルを拳でドンドンたたくので、Mが「やめなさい、今、Uちゃんに言ったとこでしょ！」と怒ると、Yがさらに拳でたたくので、MがYの手をピシャとたたきますが、

Yは泣かず、Mが再度「やめなさい」と注意しても「やめない」と主張しています。しかし、そうは言ったものの、その後はテーブルをたたいていません。親に対してもプライドはきわめて高くなっています。3歳1ヶ月16日、Fが走り競争でYに負けてやり、「Y君速いね、いつも走る練習しているからそんなに速いのかなー」などと言うと、Yは「君は練習してないからじゃー、だから負けたんじゃー」と偉そうに言っています。3歳1ヶ月21日、「相撲しよー」と誘ってきたYに、Fは「一回だけだよ」と言って相撲をして負けてやります。すると、Yは、「お父さんって弱いんだね」と言います。また、Fが手加減していることなどは、想像もつかないようです。次のエピソードでは、Yに注意したMに対して「そんなことを言うなら、テレビを見せませんよ」と、日頃言われていることを逆手にとったような生意気な態度をとっています。

観察23　Y（3歳1ヶ月25日）　夕食中、Fが「Y君、今日ハルちゃん（3：2）と遊べた？」と尋ねるや、Yは「遊べたわー、そのくらい」とすごく生意気な口調で答えます。Yのことば遣いが悪く乱暴なので、Mが注意すると、YはMに対して「いいの、いいの、テレビ見せないでー」と脅すように言います。そこで、Mが「Y君にテレビ見せなくていいの？」と切り返しますが、Yは「俺見るもん」と主張します。このように親への生意気なことば遣いや態度は、すべてUや家に出入りする年上の子どもたちから学んだものだといえるでしょう。

3　3歳2ヶ月のY：いろいろな子どもと遊べる、兄とも楽しく

3歳2ヶ月代、Yはいろいろな子どもと遊ぶことができています。時には、アミ君（7：2）や、スミレちゃん（5：4）や、ハナちゃん（5：10）がYの相手をしてくれ、楽しく遊べることもあります。タケ君（5：2）とは、家の中でも外でも一緒によく遊んでいます。Uとタケ君とYの三人であれば、三人で遊べますが、イチ君（5：4）が家に遊びに来ると、Uとイチ君とが二人で遊び始めるので、そんな時は残されたタケ君とYの二人の遊びになってしまいます。また、同年齢のブン君とも、たまに外で会うと一緒に遊ぶことができています。Yは同じ頃のUに比べれば、実に多くの子どもたちと楽しく交流することができています。

もちろん体験するのは楽しいことばかりではありません。U（6：0,12）とタケ君の二人が、Yに意地悪をしからかったりすることもあります。また、U（6：0,14）が、自分の遊びにY（3：2,6）が介入したことを怒り、プラスティック人形でYの頭をたたき、Y（3：2,6）を泣かすこともあります。Yが泣き出すと、Uは「かっこ悪い、ブタみたい」と言い、さらに追い打ちをかけています。また、Mに指示され、U（6：0,19）がぶつくさ文句を言いつつ片付けようとしているとき、Y（3：2,11）が手伝うや、Uが「触るな！」と急に怒り、Yの頬をピシャッとビンタしたといった理不尽な事件もあります。その明くる日には、U（6：0,20）と

イチ君が戦っていると、アミ君がイチ君に加勢し始め、さらにタケ君もY（3: 2.12）もイチ君に加勢し、一対四の戦いになってしまうことがありました。Uはイチ君・アミ君・タケ君にやられても、まったくやり返せません。泣きそうになりながらやられたままなのですが、Yが加勢し出すや、Yに対してはすごく怒り、暴力でやり返し、Yを泣かしています。Yに対しては偉そうにできるのです。その六日後、外でUと砂場で遊んでいたY（3: 2.18）が一人で帰ってきて、「ドン君がやれと言って、Uちゃんが Y君の顔に砂かけた」と淡々と親に報告することがありました。Yは泣かなかったそうです。Mが三階の窓から見ると、ドン君が縄跳びの紐でYを括ったりしているのが見えたと言います。UもYも、強きに従い、弱きをくじき、弱肉強食のジャングルを生き抜こうとしているようです。また、家に遊びに来たアミ君（7: 2）とU（6: 1.1）とがレゴで遊んでいるとき、側にいるY（3: 2.24）が人形を手にして「これチビやから女やー！」と言うと、Yはすかさず Uに「Y君はチビやから、女やー！」とからかわれています。Y（3: 2.24）も負けてはいません。何かのことでアミ君が「勝手にしろ」と言うのを耳にするや、Yは「『勝手にしろ』と言うもんが『勝手にしろ』なんやでー」と、4歳年上のアミ君に切り返しています。これは「『バカ』と言うもんが『バカ』なんや」と同じロジックを用いているつもりでの発話です。精一杯、仲間関係の荒波を泳ぎ切ろうと必死なのです。Yが、このような反発力を付けてくることは、Uの視点から言うと、遊び相手としての資格をYが備えてくることを意味します。この時期、UとYとが即興的な「怖がり」ごっこを立ち上げ遊ぶということが、初めて観察されています。

観察24　Y（3歳2ヶ月22日）　夕食後のことです。UとYとは家の中で走り回り遊び始めています。Uは和室の中へ、Yも同じく和室へ走っていきます。Uが「怖い、怖い」と言って、和室から出てきて居間とダイニングを通り、子ども部屋へ逃げて行きます。YもすぐUの真似をして「怖い」と言い和室からダイニングの方へ逃げてきます。そして食卓の上にあった自分のコップから水を飲み、「この魔法の水を飲んだら怖くない」と言います。そしてテレビのある居間に行き、和室の方を指差して「怖くない、怖くない」と言います。子ども部屋からUも側にやって来ます。そして二人でまた和室の中へ入って行きます。Yが「怖い」と言うと、Uが「怖くないよ」と言っています。Uが和室から食卓へ、水を飲みに出てきます。和室にいるYは「こっち、おいで」とUを呼びます。そしてYは「Uちゃん、今度は怖くないから」と言います。Uが和室に入ると、Yが「ほら、怖くないやん」と言ってます。Uが「怖い、怖い」と反論すると、Yもすぐに同調して「わー、怖い」と合わせます。Uが「怖くないよ」と言いますが、Yは「怖い」とさらに主張します。

和室八畳と居間とは引き戸が四枚で仕切られています。和室は照明がついていないので、障子越しのベランダの星明かりで薄暗いのです。何かがいそうな雰囲気を、二人で楽しめるようになっています。これは共同の見立てを伴うある種の「ごっこ」遊びと言ってよいでしょう。一般に、この種の「ごっこ」遊びは3歳頃に可能になるのです（麻生、二〇一〇）。

2章

自分の力を感じ始める3歳

（第2期：3歳3ヶ月〜3歳5ヶ月）

兄U（3; 3, 16）
弟Y（0; 5, 8）
Uはカゴを新幹線や船にみたてている

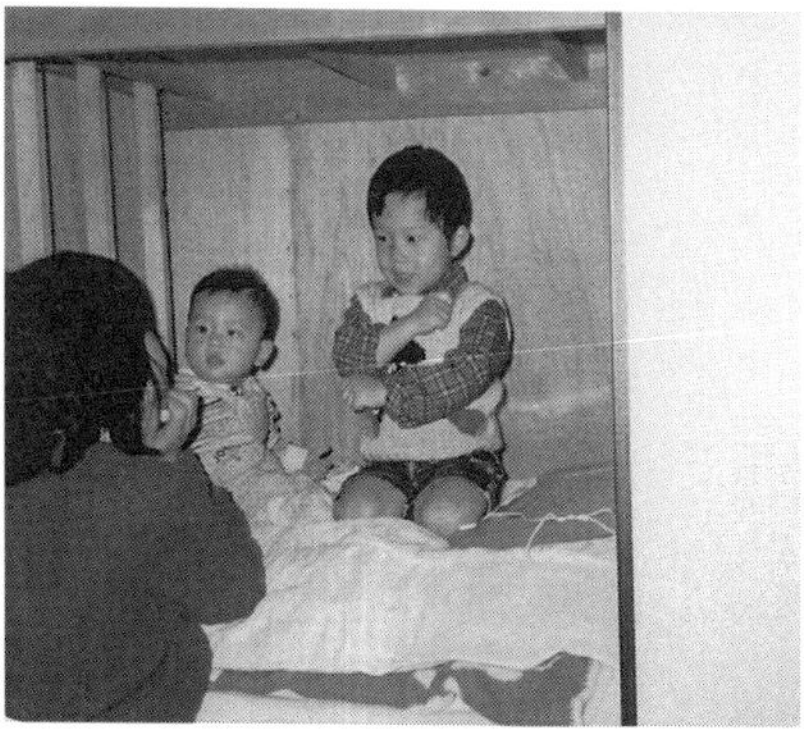

兄U（3; 5, 16）
弟Y（0; 7, 5）
押し入れの中の2人をMが相手している

【第2期のU】この時期Uは自分の居場所がなくなったショックが少し薄らいだようです。遊び仲間が少しできましたが、遊びが充実しているわけではありません。弟には少し優越感を感じ始めているようです。弟の遊び相手をすることも、弟に意地悪をすることも同程度あります。弟が母の後追いを始めるや、嫉妬心を爆発させています。鬱屈する気持ちと、芽生えてくる自分の力をもてあまし、親に対する反抗や攻撃が目立つようになっています。天邪鬼になって、「いただきます」ではなく「ごちそうさま」と言うべきだと、父親をたたきます。父親が赤信号を渡ったと非難し、父親にもっと我慢しろと命じたり、攻撃したりします。とはいえ、大きくなれば、お弁当をもって父親と同じ職場に通うのだともイメージしています。Uに欠けているのは、モデルとなるような年長児のいる仲間集団や、大人の働く姿を見ることができて、その手伝いができるような社会環境です。

【第2期のY】兄と違って、Yの目の前には兄たちの魅力的な仲間集団が存在していました。目標はその集団のメンバーに仲間の一人として認めてもらうことです。母の膝の上が恋しいなどと思ったことは一度もありません。家の中では、兄やその仲間と一緒に遊べるときもあれば、周辺で一人遊びの時もあります。しかし、外遊びの時はほとんど仲間に入ることはできません。そんな時は指をくわえてゴロンとしています。Yは仲間集団に認められることが重要で、認められさえすれば怪獣役でも何でも喜んでします。少々損な役でもまったく平気です。仲間関係では兄よりはるかにタフです。

しかし、兄やその仲間に劣等感を感じているだけに、親に否定されたり批判されることには耐えられません。第1期では「嘘」で身を守ろうとしていましたが、この第2期になると、親の規範逸脱を目ざとく見つけ指摘するなど、他罰傾向を加え、さらに自己防衛に磨きをかけています。傷つきやすいプライドがあるのです。年長の仲間を偶然泣かしてしまったことは自慢です。この期の最後あたりから身近で流行し始める「ビックリマンシール」の交渉遊びは、Yにとって仲間集団に入り込みやすい活動です。同年齢の女の子の友だちもできて、Yは順調に仲間世界への扉を開きつつあります。自分の過去や虫の死については、まだ不思議な理解のしかたです。「あした」と「きのう」はまだ混同してしまいます。

1　第2期（兄・U）：「だって」と自己主張、親には反抗

［兄（3；3）〜（3；5）　弟（0；4，23）〜（0；7，22）］

1　3歳3ヶ月のU：弟に対しては優位感、親の指示には従いたくない

仲間に対して少し余裕ができる

3歳2ヶ月の夏に、Fの実家で約四ヶ月年長のノリ君と、意地悪されたりしつつも仲良く遊べたせいか、この時期にはUは友だちとよく遊べるようになっています。少々嫌なことを

されても平気になってきたようです。U（3；3,0）は後に親友になるマヤ君（3；3）と猫じゃらしの草で、くすぐり合いで楽しく遊んだりすることができています。夕刻六時半過ぎにFが仕事から帰宅したときにも、まだ家の近くの滑り台の側で数人の子どもと遊んでいたりします（平行遊び的に他児に混ざって遊ぶというレベルですが）。次のMによる観察は、Uが初めて年長児に少し褒められたエピソードです。

観察25　U（3歳3ヶ月12日）　家の前の滑り台に、Mもどこの子か知らない4歳の男の子（A君）が両補助輪付きの自転車でやってきます。A君の背はUより低く小柄です。A君が滑り台の階段から跳び降ります。まず二段目からです。Uも一緒に並んで跳び降ります。一段ずつ上がり、次々と跳び降ります。ついに五段目になります。A君は躊躇して跳び降りません。そして「おまえ跳んでみ」とUに促します。Uは跳び降りますが、A君は跳べません。A君は、跳び降りたUのことをすごく感心します。A君が「おまえいくつや？」と尋ね、Uは「3歳」と答えます。年下だったのは意外だったのでしょうか。A君は周りの子どもたちにも次々に年を尋ねます。「3歳」とか「三つ」という答えが返ってくると、A君は、「比べてみ、比べてみ」とさかんに互いに背を比べ合うように促します。A君は、五段目から跳び降りた3歳のUに一目置いたようです。それまで他児を乗せようとはまったくしていなかった、両補助輪付きの自転車に乗るように促します。Uは自転車に跨がるのは初めてのことです。うまくペダルがこげません。A君は「おまえちょっとおかしいな」と言いつつ、自転車の後ろを押してくれたりしますが、すぐに「ちょっと代わってみ」と言い、交替して自分が自転車に乗ります。

夕食の時、MがFにこのエピソードを伝えると、Uはそれを聞いてすごく得意そうな様子です。私も幼いとき（3〜4歳）に年上の子どももいる集団で暗い納屋のようなところをのぞいていたとき、年長の子どもと頭をぶつけて、「お前、石頭やなー」と言われ、すごく嬉しかった記憶があります。年長の子に「石頭」と言われただけで嬉しいのです。年長児にできないことをして評価され、年長児の自転車に跨がらせてもらえたというのは、Uにとって二重の喜びであったに違いありません。この頃、Uの自我は少し肥大しつつあったようです。

自分より年少の子どもは物足りなく感じているようです。年少の子どもには少し意地悪をするようになっています。観察25の次の日には、U（3：3.13）は、少し手で他児を押したり、年少の子が三輪車に乗っているのを、自分は赤いジープに乗り前に回り込んでストップさせようと意地悪したりしています。実際には、意地悪する手前で、跨がって足で地面を蹴って走らせている赤いジープが横転し、泣いたのはUだったのですが。夜、Fと入浴した際に、Uが膝を怪我しているので、Fが「これどうしたん？」と尋ねると、Uは「ジープで意地悪しようと思ったらころんじゃったん」とニンマリした表情で語っています。これは夕食後、

MがUが意地悪したエピソードをFに語っているのを聞いていたためかもしれませんが、U自身も他児に「意地悪」をしていることは十分自覚しているように思われます。悪いことと理解しつつ、悪いことをする力が生まれてきつつあるといえるでしょう。

年下の同輩に対して余裕を見せる

古い友人夫妻とその長男ヨイチ君が遊びに来てくれたときのことです。互いに忘れて、Uとヨイチ君（2：8）とは初対面に近い状態です。ヨイチ君とその両親とUとFの五人で、団地近くの宇治川の川縁に行きました。FとUとはときどき来る場所です。いつもは、Fから離れて遠くに行ったりはしないのに、今回はU（3：3.25）は一人で一〇～一五メートルも離れた石がゴロゴロしているところに行ったりします。Uが水際に行くのを見て、ヨイチ君（2：8）「あんなとこに行ってはる」と母親に言い、Uに対して「危ないよ」と直接に注意したりもします。Uはここは自分のテリトリーと思って、離れたところに行けるのを見せたいようです。その後、川に石投げをしますが、ヨイチ君は、初めての石投げで大喜びです。この場所を紹介できてUは得意そうです。

その二日後には、U（3：3.27）は近所の遊び友だちであるタイチ君（2：8）に対して、少し上から目線のことばを発しています。タイチ君と母親とが遊びに来てくれていたときのことです。時間なので母親が「もう帰ろう」とタイチ君を引っ張りますが、タイチ君は「あともう一回だけ」と泣き訴え、遊び続けようとします。その後、玄関口でまたもタイチ君は「あともう一回」などゴネ始めます。すると、Uはタイチ君の母親の口ぶりを真似て、「もうちょっと、もうちょっと、言うたって、もうちょっといたら、またいたくなるんやろー」とタイチ君に言います。

　そのまた二日後、U（3：3,29）はタイチ君（2：8）と外遊びをしています。他の子どももいましたが、すべてUより年少の子どもたちです。タイチ君は、Uの真似をよくします。Uはお兄さんぶって、いろいろやって見せたり、モデルを見せて「こうする、ああする」と教えたりしています。その後、UとMは一旦家の中に入り、再びドアを開け外に出たとき、またタイチ君に出会います。すると、Uは「あしたおいなりさん作るから、タイチ君も食べにおいでよ」と誘います。Mはそのようなことはまったく言っていません。ただ、Uに「明日おいなりさんを作る」と言っていただけです。タイチ君への招待は、Uの独断です。二日前の「もうちょっといたら、またいたくなるんやろー」の台詞や、観察5　U（3：0,19）の「大きくなったら、お父さんに買ってあげるね」などの台詞を合わせて考えると、Uはすでに時間的展望をもった思考が可能になっているように思われます。タイチ君はこの時期、母親が第二子を妊娠中で、情緒不安定になっています。Uが誘ったので、「今、今、今（※おいなりさんを食べたい）」と訴え始めます。Mが「明日ね」と言うのですが、タイチ君は泣き出してしまいます。Mはその後Fに、このタイチ君の様子を、「Yが生まれる前のUにそっくり」と語っています。

弟に対する余裕あるいは優越感

Yにとって U ほど面白い刺激はないようです。一人でベビーベッドや揺り籠の中に入れて置かれると、うるさく騒ぎ始めますが、帰宅したFがY（0: 4.30）を膝の上に座らせ、U（3: 3.7）の相手などをしているとYはご機嫌になります。Uが「せんせい」のボードを持ってきて絵を描いてくれとさんざん訴え始めるので、Yを膝に座らせたまま磁石ペンで絵を描いてやります。次にU（3: 3.7）がさかんにしゃべりつつボードに絵など描き始めると、何が面白いのかY（0: 4.30）が「ハッハッハッ」「ハゥハハ」とすごく声をたてて大笑いし始めます。Uが「せんせい」に絵を描いたりしゃべるたびに笑い続けます。Yがこんなに長く声をあげ笑う（laughing）するのは初めてのように思います。Yは、Fが帰宅し膝の上に座らせてもらい、Uが間近で遊ぶのを見物できて、またFやMとUがしゃべったりするのを聞けて、本当に楽しくて楽しくてしかたがないといった様子です。

Y（0: 5.4）は、寝かされていてもテレビがついていたりUが近くにいるとおとなしいのですが、そうでないとさかんに大きな声を発したり、うるさくムズがりかけたりします。また、うつぶせで、ぐっと首をあげてキョロキョロしていることも多くあります。この時期、Uの表情はよく、Yの存在にも慣れてきたようで、嫉妬らしいこともほとんどみられません。

Yは、自分の存在を脅かす存在ではないと感じるようになってきているようです。UのYに対する態度は、意地悪をすることもあれば、やさしく相手してやろうとすることもあります。どちらの態度も、Uの余裕を示していると感じられます。

弟に対する意地悪：　まず、Yに対する少し意地悪な振る舞いを紹介します。U（3；3,12）は、うつぶせのY（0；5,4）を少し手でたたいたり、強引に押して仰向けにしようとしたり、押さえ込むようにしたりします。MがYの横で「Y君にそんなことしたらダメ。○○したらダメ」などと言っても、Uはなかなか言うことを聞きません。U（3；3,12）がテレビを見ているとき、Yが近くで「アウェアー」などと大きな喃語様の声を出していると、Uは「Y君うるさくて聞こえないよ」と文句を言ったりします。U（3；3,14）は、Y（0；5,6）の上にのっかろうとしたり、Yを枕にしかけたり、Yの身体に足を乗っけたりすることも多くあります。また、U（3；3,16）は、うつぶせで顔を上げているY（0；5,8）のすぐ前にどっと寝転がり顔をYに向け、Yが「エー」とUに呼びかけてくると、Uは「うるさい！」と怒鳴ったりします。そして、Uは畳の上をゴロゴロ転がりYから離れます。YはUの方を見つめ「アウエアー」といった声を発します。すると、Uは「Uちゃんはちょっと休憩してるのだからおしゃべりしたらダメ」と偉そうに言います。これは、Uがうるさくしゃべりかけてくるときに MがUに対して言う台詞のようです。

弟に対する優しい態度：　Yに対して優しい振る舞いも少なくありません。U（3；3,3）はこの頃、Y の横で添い寝したり、歌をうたったりしてY（0: 4,26）をあやしてくれることがあります。U（3: 3,12）は、Yがさかんに大きな声を発したりし始めると、Y（0: 5,4）のために「宇宙刑事シャリバン」の絵本を拡げて、見せてやったりします。U（3: 3,16）がY（0: 5,8）の相手をしUも楽しみ、Yもそれを喜び、Mは「初めて仲良く遊べた」と語っています。Y（0: 5,19）を揺り籠に入れてやると、U（3: 3,27）も揺り籠の正面に入り、二人が入った揺り籠を電車に見立てて「東京」へ行くというごっこ遊びを始めたりもしています。なんと、Uが生後五ヶ月のYを遊びの仲間にしたのです。

親には反抗、自分の意思を主張

Uの3歳3ヶ月は、これまで見てきたように「仲間に対して少し余裕ができ」「年下の同輩に対して余裕を見せる」ようになり、Yに対しても「余裕あるいは優越感」を示すようになり、Yに対する嫉妬も見せず、仲間関係でも大きなストレスはなく、表情もよい時期でした。拒否癖（ネガティヴィズム）や親に対する反抗というものが、もし仲間関係や兄弟関係のストレスから生じるものだとすれば、拒否癖も親に対する反抗もこの時期にはまったくみられないか、みられても最小限のものになっていて良いはずです。ところが、事実はむしろその反対でした。仲間関係や兄弟関係から、ストレスを受けるのではなく、自信をつけてきているからこそ、拒否癖や親に対する反抗心がむくむくと大きくなってきているようなのです。

Uの3歳1ヶ月の時の拒否癖（観察9・10）やYの3歳0ヶ月の時の拒否癖（観察18・19）などとは、否定的情動表出が少ない点が異なっています。

親の権威も相対的なもの：　親だからといってつねに素晴らしいわけではない。みっともなかったり、だらしなかったりすることがあると、Uは理解し始めています。夕方、FもMも家の中に入っているのに、U（3：3.0）はまだ家の近くで外遊びをしています。小さい子どもやその母親たちがまだ数人外にいます。Uの三輪車を片付けようと、ランニングシャツ姿のFが近くに来るや、Uは「シャツで来たらダメ！」と注意します。これにはFも驚きました。Mがそのようなことを言っているわけではないので、U自身の恥の意識を感じたからです。その次の日には、Fがテレビの歌番組を見つつ踊っているU（3：3.1）のことを、Mに「ほら見てごらんよ、U君すごく上手だよ」とUの方を見つめつつ言うと、Uは恥ずかしそうに「そんなに見ないでよ」と言っています。これは3歳の誕生日頃に、恥や評価的当惑など一連の新しい「自己評価的情動」が出現するというルイス（Lewis, 2007）の指摘とも一致しています。親のみっともない姿を他児の母親たちに見られることを恥に感じるというのは、そのレベルを越えているかもしれません。親の権威より上位の基準がUの中に生まれてきつつあるのです。

この頃、Uはことばで理屈を言い、親の言ったことを理屈で否定したり、文句を言ったりすることが多くなってきています。FがU（3：3.4）に、「一人で履いてごらん、さあ速く履いて」と言うや、Uは口をとがらせて「今履こうとしているときに、そんなん言わないで」と言い返しています。その約一週間後には、Fは「近頃のUは、第一次反抗期という感じがすごくする」と日記に書いています。

観察26　U（3歳3ヶ月12日）　①夕食の時、Uは床に落としたフォークを拾おうとはしません。いくらFが拾うように言っても聞きません。Uは「お父さん、こっちに来て拾って」と図々しく主張します。Fがフォークを拾ったらこれあげるよと食べ物で釣ると、Uはすぐに椅子から降りて拾います。とても現金です。FやMが強い口調で叱ると「もうしません」と言ったりしますが、少々「ダメ」と言われたぐらいでは親の言うことを聞きません。

②夜九時過ぎ、Uが「お水のみたい」と寝床から起きてきます。Fが氷を入れた水をコップに用意してやります。Uは和室のコタツ机の上に腰掛け、ダイニングの方へやってきません。Fは「こっちにおいで、お父ちゃん飲んじゃうよ」と言いますが、Uは口を尖らせて「こっちに持ってきてー、ここで飲むー」と主張します。とても横着です。Mがダイニングに来て、テーブル上のコップに手を伸ばし水を飲みかけると、ようやくUはやって来ます。

自分の要求がどこまで通るのか、親の力を試しているようです。この二日後にも、U（3：3.14）はなかなか反抗的だと記録されています。「手づかみで食べたらダメ」「ご飯すんだらお手々ちゃんと拭きなさい」「こっちにおいで」「ご飯粒を放ったらダメ」など注意されても聞こえぬふりをしたり、指示に従わなかったり、反抗的なことが多いのです。Uはすぐに「だって、Uちゃん赤ちゃんだもん」とか、「だって、まだ食べてるもん」など、「だって」と口答えし、口を尖らせます。また、Mに叱られると、Uは「お父さんなんかにあげないもん」とわざとFに意地悪をすることもあります。MがUに何かするように言いつけたりすると、U（3:3.17）は「だって」とすぐ文句を言います。そのたびに、MがUに注意しますが、Uは「だって、Uちゃん赤ちゃんだもん」という台詞を多用しています。

へそ曲がり、逆さま否定主義：　仕事から帰宅したFが「U君、今日はどんなことして遊んだん？」など尋ねると、U（3:3.15）は「お父さんなんかに教えたげないもん、ぷーん」と言ってわざと顔を背けたりします。父親に意地悪することで父親に対抗し、それを楽しんでいるように感じられます。夕食の席で、U（3:3.19）の着ているシャツを目新しく思い、Fが「あれかっこいいシャツだなあ」と、Uの胸ポケットに触ろうとするや、Uは「触ったらダメ」とFの手を払いのけて、胸ポケットを隠すように手で押さえ「あっちむいてプーン」と顔を背けています。このようにFに意地悪することは数多くあります。Mの言いつけにも、すぐに「だって」と言います。Mの指示に従うことは、Uのプライドが赦さないというように反抗したりします。また、悪いことをしても「ごめんなさい」と謝りさえすればよいと思っているような節がありまたすぐに同じ悪さを繰り返したりします。Uのへそ曲がりぶりを示すのが、次のエピソードです。

✎観察27　U（3歳3ヶ月21日）　母方の祖父母が来訪中で、MとUも一緒に夕食を食べ始めているときに、Fが仕事から帰宅します。FがUの斜め左横の席に着き、「いただきます」と言うや、Uが「いただきますじゃないでしょ」と叱るように言います。Fが「それじゃあ何て言うの？」と尋ねると、Uは「あっち向いてプーン」と顔を背けます。Uはしばらく考えている様子です。そして、思いついたとでも言うように、「ごちそうさまって言うんだよ」と言います。その後も、何かと理由をつけてはFを叱りたいようです。自分が叱られる際のMの口調を真似して、Fを叱りたいようです。また、Mに叱られると、その後、理由もなくFに対して手を振り上げて、「ダメでしょ」と言いFをたたこうとしたりもします。

その二日後、Uは親とは違う自分の思考の独立性を主張するようになっています。朝食の席で、MがU（3：3,23）に何か注意するか、アドバイスするようなことを言ったので、Fがそれに同調し「お父さんもそう思うよ」と言うや、Uはすぐさま「Uちゃんはそう思わないよ」と言い返したのです。私たちは「いっぱしのことを言うようになった」といたく感心しました。「いただきます」に対して「ごちそうさま」、「お父さんはそう思うよ」に対して「Uちゃんはそう思わないよ」と、ことばで正反対の表現をして、自分を父親に対立させることができています。これこそ自我の芽生えを示すネガティヴィズムと言ってもよいでしょう。

2　3歳4ヶ月のU：仲間遊び充実せず、親へ攻撃、戦いごっこ、心の理解は進む

友だちと遊びたいのだけれど

Uが3歳4ヶ月の始め頃、Mは「Uは公園などでよく他児に意地悪をされたりする。他児に『貸して』と言われると、Uは『イヤ』と拒否することがまったくなく、『いいよ』とすぐに貸し与えてしまう」と語っています。Uが自分で友だちだと思っているのは、近所のタイチ君とマヤ君の二人だけです。3歳4ヶ月の一月間で、タイチ君と遊べたのは計四回だけです。うち一回は、U（3: 4,3）がタイチ君（2: 9）に一緒に遊ぼうと言ったら「アカン」と言われたといって、一日しょんぼりして、他児が遊んでいる近くにも近寄っていません。もう一回もケンカしています。U（3: 4,5）が「こっちにおいで」とタイチ君に言ったのに、タイチ君が「イヤ」と拒否したので、Uが口を尖らせて文句を言い、口げんかしています。

同年齢のマヤ君と遊べたのは一日しかありません。U（3: 4,7）はマヤ君（3: 4）と、外用にしたUのアップリカの車に互いに乗り合ったりして遊んでいます。マヤ君にアップリカの車を奪われてしまいますが、「アップリカ取られちゃった」と言いつつもめげずに、一人で一生懸命気分を取り直して遊ぼうとする態度が少しみられるようになってきています。友だ

ちと遊びたいのだけれど、一緒に遊べる友だちも少なく、またその少ない友だちともなかなか出会えないといった日々が続いています。Mは「近頃、Uを集団保育に参加させてやりたいと思ったりする」と語ったりしています。Uが一人で家の外に出ても、遊べる友だちに遭遇する機会がなかなかなかないのです。

弟の相手をしてやったり、少し遊び仲間にも

Uが自分からYの世話をやこうとすることがよくみられるようになっています。U（3：4.0）は、Y（0：5.23）がムズかり始めていると、自分が一番小さいときのアルバムを持ってきて、Yに見せるようにして「Uちゃんもこんな小さいときあったんだよ、面白いでしょ」とYに語りかけています。その次の日には、四畳半の押し入れの上の段に、U（3：4.1）とY（0：5.24）が入るという遊びをMがセッティングしてやっています。Fが見に行くと、Yは布団にもたれて座位で、アヒル型の電気スタンドを点して、二人とも満足そうです。UはYに語りかけています。Uのリクエストで襖を閉めてやります。二人だけで押し入れの中に入っているのです。Uがときどき呼ぶので、FやMが行き、襖を開けて覗いてやります。Uは布団にもたれさせているYの姿勢が倒れると呼ぶようです。二人で押し入れに居る間、UはYにしゃべりかけたり、一人でしゃべっています。Uが声を張り上げて飛び跳ねる度に、Yが声を立て笑うといったことは、この時期何度もあります。Mはいつも、昼寝の時には、

UとYに本を読んでやっていますが、本を見せてやるとY（0：6,7）に手足をバタバタさせてさかんに発声して、まるで読もうとしているのかと思うような時もあります。Uにとって Yは、一緒に本を読んでもらい、一緒に昼寝する仲間になってきているといえるでしょう。

弟への意地悪： 3歳4ヶ月後半には、回数は少ないのですが、UがYに対してネガティヴな態度をとったことがあります。一度目、U（3：4,21）はY（0：6,13）がブロックを触ろうとすると、自分がまったく使っていないブロックでも「ダメ」と言って取り上げてしまいます。Mが「使っていないからいいでしょ」と言っても、UはY（0：6,13）には絶対にブロックを触らせません。Yがモノに関心を示し始めていることに警戒感を抱き始めているようです。二度目は、和室でFがU（3：4,23）を膝の上に座らせているときのことです。Y（0：6,15）がUの足近くに転がってきて、Uを見つめたりして、さかんに声をたて笑ったりし始めます。Uは憮然とした不機嫌な表情で、「笑ったらダメ」と言い、Yを軽く足で蹴ったりします。Yの積極的で志向的な態度に自分の領分を侵害される可能性を漠然と感じ始めているようにも思えます。

父親への攻撃や意地悪、母親には甘えと攻撃少し

この時期、Fに対する攻撃や意地悪が増えています。その原因としては、一つは友だちと遊びたいがなかなか機会がなくエネルギーをもてあましていた可能性もあります。また、他

児やYには攻撃を抑制している面も少なからずあり、それが鬱積している可能性もゼロではありません。主たる理由は、Fにちょっかいを出して相手をして欲しいのと、攻撃で自分の存在を誇示したかったことではないかと思われます。

U（3：4.4）は帰宅したFに対してすごく意地悪をします。Fがブロックで何か作るとすぐにそれを破壊してしまい、Fの使っていたブロックを自分で使い始めます。そしてUは「お父さんは使ったらダメ」「Uちゃんが使うの」などと口を尖らせて言い、Fをたたいたりします。その二日後も、U（3：4.6）はFにはわざと意地悪をして、理由もなくFをたたいたりします。しかし、Mには意地悪せず、甘えています。この日、Fは「宇宙刑事シャーダー」ごっこをしてやっています。攻撃性が高まった原因の一つにこのような遊び相手をよくしてやっていたこともあるかもしれません。

観察28　U（3歳4ヶ月6日）　夜の七時半から八時、テレビの『宇宙刑事シャイダー』という番組があります。Uは昨日からこの番組を楽しみにしています。宇宙刑事のシャイダーとアニーとが、不思議時空で不思議獣などと戦うという特撮番組です。テレビが終わると、Uはさっそく新聞紙を丸めて作ってある刀を二本手にして、「お父さん怪獣になって」と要求してきます。Uがシャイダーで、Fが不思議獣になって戦いごっこです。「不思議界」「シユーティングフォーメーション」「レーザーブレード」「ブルーフラッシュ」など、絵本で学んだ特殊用語を口にして戦います。丸めた新聞紙の刀で、Uとこんなにチャンバラで相手をしたのは初めてのことです。刀で互いにたたき合います。Uは「こうなったら、ケンカだ」と言いＦを刀でたたき、Ｆも負けずにUをたたきます。たたき合いで疲れてくると、Uは「シューティングフォーメーション」と言って、レイザー砲で撃つ真似をするので、Ｆは「やられたー」と倒れてやります。計三回、不思議獣であるＦがやられる役をしてやります。Uはのりにのって、すごく興奮し、もう完全に宇宙刑事シャイダーのつもりです。三回目の時は、Ｆは、Uと「もうこれで最後」と指切りして約束してから、不思議獣として爆死しました。Ｆが相手するのを終えてからも、Uは押し入れから跳び降りたり、『宇宙刑事シャイダー』や『宇宙刑事シャリバン』の絵本を見ては、跳びはね刀（レーザーブレード）を振り回し踊り、すっかり宇宙刑事シャイダーの気分です。

その二日後も、夕食後Ｆは宇宙刑事シャイダーごっこの相手をしてやっています。その時はＦと交替してＭも相手してやっています。しかし、U（3：4.8）が何かとＦに文句を言ったりたたいたりすることは相変わらずです。この日の朝、ＦとUが少し散歩したとき、車が来ないので赤信号を渡ると、Uは「おとーさん、赤の時は、渡ったらダメなんだよ」とＦに注意しています。Uは親より上位の規範があることが分かっているのです。そのまた四日後にも、Ｆは宇宙刑事シャイダーごっこの相手をしています。その時は、めずらしくＦが宇宙刑事シャイダーでU（3：4,12）が不思議獣という、いつもとは逆の役でした。Fは「シューティングフォーメーション」や「レーザーブレード」などと言い、格好をつけて不思議獣を攻撃するのですが、Uはまったくやられてくれません。Uは新聞紙刀でFをたたきまくります。新聞紙の刀でチャンバラするとき、顔はたたいてはダメというルールになっているのですが、U（3：4,12）は「お顔をたたいちゃえ」と言い反則技で、Fの顔も狙い激しく攻撃してきます。

その次の日には、仕事から帰宅し食卓についたFが、テーブル上にあったチョロQ（バネで走るミニカー）を走らせ、テーブル上から床に落下させてしまいます。すると、お腹が痛くて隣室の揺り籠の中に入っていたU（3：4,13）が、口を尖らせて「もおー、落としたらダメ、お机の上に並べておくの」と怒り、籠から出てきてFの所へやってきて、Fをたたきます。これを見て、Mは「今日のUは怒りっぽい、すぐに怒りこのようにたたきに来る」と言います。以前は、Mには甘えるだけだったのが、Mもたたくようになってきています。その三日後、Mは、U（3：4,16）から見て少しでも不当と思うことをMがすると、「もおー、そんな奴なんかー」と怒り、Mをたたきに来ると述べています。しかし、FとMに対する態度は同じではありません。Uが芦屋の祖母宅へ泊まりに行き、祖母に送られ戻ってきた日のことです。U（3：4,23）は表情が硬く抑鬱的な雰囲気です。夕食後、FがUの身体に手で触れると、Uは「触ったらダメ！」と言います。Uがダイニング横の和室六畳に行くので、Fも行くと「あっち行って！」と何かと攻撃的な雰囲気でFに当たります。しかし、Mに対しては甘えたり、注意されてもすごく素直な様子です。

心の理解が進む

この時期、Uは「心の理解」についてもずいぶんしっかりしてきています。「他者の行動を見ていれば、その行動の意図は理解できるはずだ」「Aについて知るには、Aを直接に知覚する必要がある」と、Uは考えるようになってきています。前者を示すエピソードです。U（3: 4.16）がレゴで作品を作っているのを、横でFが見ているときのことです。Uが「くっつけよう」と力を入れすぎて、作品が壊れてしまいます。するとUは「見てたから分かるでしょ」とFにきつく言い、自分の作ろうとしていた作品と同じモノをFに作れと、繰り返し要求し始めています。「側で見てると何を作ろうと意図していたか分かるはず」という論理を前提にしてのわがまま要求です。後者は、FとU（3: 4.18）の二人で『風の谷のナウシカ』の映画を観に行った日のことです。MとUとが入浴したとき、Uが映画に出てきた眼の赤い大きな怪獣が「オオム（鸚鵡）ってお名前だったの」と言ったので、Mがすぐに「オームって名前だったでしょ」と訂正すると、Uは「どうしてお母さん見てないのに知っているの？」と尋ねています。人の知識が、知覚入力によって左右されていることを理解しつつあるといえるでしょう。

また、人はいろいろ考えたり思ったりする存在だということも、Uはよく分かってきていたように思います。Uが昼寝している間に、Mがかっぱえびせんの袋を空っぽにしてしまうということがありました。昼寝から目覚めて、空っぽになった袋を見て、U（3：4,26）は「お母さん、Uちゃんがいない間に全部食べちゃうなんて、そんなのずるいと思わない？」とMに文句を言っています。「お母さんずるい」と言ったのではなく、「『お母さんずるい』と思わない？」と、母親もUと同じ「思い（考え）」をするはずだと認識したうえで母親を非難しているのです。その二日後に、Mは、最近、Mが何か楽しそうなことをしようと誘うと、U（3：4,28）は「おかーさん、イイコト考えたねー」と褒めてくれることがよくあると語っています。

3　3歳5ヶ月のU：仲間関係は広がり、弟は再びライバルに

友だちと見立てを共有したり、連帯したり

3歳5ヶ月になって、Uの仲間関係に広がりが出てきました。一番大きかったことは、ほぼ同年齢のマヤ君（3：5）と楽しく遊べることが何度もあったことです。U（3：5,0）は久しぶりに会ったマヤ君と泥まんじゅう作りをして遊んでいます。マヤ君に押されたり、ケンカごっこでやられると、「ダメ！」と言ったり、叱るようにマヤ君をたたいたりすることも可

能になっています。その二日後に、マヤ君は初めて一人でUの家に遊びに来てくれています。それ以降よく遊びに来てくれます。マヤ君は、Uとことばの発達レベルも似ていて、基本的には乱暴なことが嫌いで、興味の持ち方が似ているので相性がよいようです。とは言えU（3：5.8）とマヤ君が少し行き違いでケンカをすることもありました。マヤ君が怒って攻撃します。マヤ君の方が強いので、Uは泣きわめきつつ「しないで！」とか、「顔はダメ、顔は反則」とか「蹴るのはダメー！」とか、机の角をたたき、「こーんなとこにぶつけよーとしないでよ、危ないじゃんか」とか、抗議しつつ「もうー」とか言い、蹴ったりぶったりして反撃します。それに対してマヤ君は無言で、Uをたたき、Uの首を押さえたり、のしかかったり、蹴り返したりして結局、最後はUが大泣きしてしまいます。その後、Mが「Uちゃん負けたねー」と言うと、Uは「だって、マヤ君、顔したり、危ないことばっかしするんだもん、Uちゃんはそーいうことしないようにしてるのに」と怒って言います。Mがマヤ君がなぜ怒ったのか説明するとUはよく分かったようでした。Uにとってことばと理屈が通じそうな相手とケンカできたのは初めてのことです。その四日後、家の外でU（3：5.12）がアップリカ車に跨がり、マヤ君（3：5）は三輪車に乗り、Uがマヤ君を追いかけ楽しそうに遊んでいます。また、アップリカの車を逆さにして、二人で車がこわれたとみなして、二人で空想を共有して、修理ごっこをしたり、見立てを共有し合って遊ぶこともできています。その後二人が家の中に入って遊んでいるとき、Uがおやつが欲しいとねだり始めるので、Fが新聞紙を丸めた刀で軽くUの頭をたたくと、Uとマヤ君は「二人でやっつけよう」とFにかかってきています。子ども同士で「見立てを共有」したり「連帯」したりすることが可能になったというか、それが可能な友だちとようやく出会えたのです。

また、遊びにきているマヤ君やタイチ君が、まだ家に帰りたくないときに迎えに来た母親に対して派手な声をあげて泣きわめく姿を何度も見ているせいか、Uもすぐにワァーンと大声を張り上げて泣くという、今までになかった「泣き方・訴え方」がみられるようになっています。パジャマのホックを引っ張り外すといった簡単なMの指示に対しても、U（3：5,13）は断固やろうとはせず、Mに返事もせずにワァーンと大声を張り上げて泣き拒否します。このような簡単な指示にも我を張り抵抗したり、聞き分けのない要求をしたり、そしてすぐにワァーンと大声を張り上げて泣くという新しいスタイルが、他児の泣き方をモデルにして獲得されたようなのです。この武器をUはその後も3歳代を通じて使い続けます。

弟の後追いが始まると、弟が再びライバルに

YがUに注目して、Uの活発な動きや声に反応して声を出し笑うことは相変わらずあります。変化したことは、YがUの手にしたスプーンの大きな動きに注目して手を伸ばしたりすることがみられ始めたことです。夕食の時、高椅子のY（0：7,9）は、U（3：5,17）の手にしたスプーンの動きに注目し、少し手をのばしかけ、いかにもスプーンを欲しそうに「ウー

ン」と気張った声をさかんに出したりしています。また、タイチ君をMがUとYを連れ訪問した際、U（3：5.22）がスティックで鉄琴をたたくと、それを見てすぐにY（0：7.14）も自分でスティックをつかみ嬉しそうに鉄琴をたたいて、そして前にいるタイチ君の母の顔を見るということがあります。モノやモノの操作が、YとUの関係を左右するようになってきているのです。U（3：5.26）はY（0：7.18）の世話をよくします。Yが部屋からベランダに這い出しそうになると、Uは自分で這ってモデリングでベランダへの出方を教えてやったりします。そして、Mがベランダに布団とベビーボーロを出してやると、一緒に布団の上に座り、Yの口にボーロを入れてやったりします。Mが「Y君は、お客さんですか？」と聞くと、U「違います、Uちゃんの弟です」と答えています。

弟への嫉妬：　平和だった日常世界に大事件が発生します。Y（0：7.17）がこの日を境に、Mの姿が見えないと泣き、激しく後追いをするようになったのです。すると、今まで嫉妬しなかったU（3：5.25）が、Yに激しく嫉妬し始めるようになったのです。MがYを抱き母乳を与えたりすると、Uは「だっこ！」と膝の上に乗ろうとして騒いだりします。また、何かと聞き分けのないことを要求するようになります。Yがうるさくて Mが抱くためか、U（3：5.26）はすぐに「だっこー」とか「できないー」とかすねた声をあげてグダグダします。MがYの服を着替えさせていると、Uは「UちゃんもYちゃんみたいな赤ちゃんだったらいいーのにー」と言い、Mが「おしめしたいの？」と尋ねると、Uは「だってー、いっぱいかわいがってもらえるじゃん」と言ったりします。赤ちゃんになりたいと主張しダダをこね、同じようにかわいがってくれと要求し、さまざまな無理難題を要求するようになり始めます。

母親に連帯し父親を攻撃、Uちゃんだって我慢してる

この時期、Mが軽くFに注意して「まだ○○したらダメ」などと言うと、それを耳にするやUは「まだ○○したらダメ」とMの台詞を繰り返して、怒った顔でFをたたきにくることがとても多くあります。何かとMの味方をして、Mの台詞を真似してFに説教的に叱るように言います。夜九時過ぎにFが帰宅したときのことです。MがYを寝かしつけ終わり、U（3：5.15）を入浴させようと思っていたところでした。UはFの顔を見るや、口を尖らせ「遅すぎるよ！」そして、「Uちゃんとお母さんが入っているとき、お父さんは入ってきたらダメだよ」と言います。Fが「お父さんも入りたいなー」と言うと、Uは「ダメ、我慢しなさい」と言うので、Fが「どうして？」と尋ねると、Uは「Uちゃんだって我慢するときあるんだよ」と口を尖らせて答えています。「我慢するという心的状態」についてよく分かっています。

3歳4ヶ月の時から、Uは自分は大きくなったらお父さんになると思っているようです。U（3：4.24）は「Uちゃんは女の子じゃない男の子だから、お父さんになるかな？」と言ったりしていました。また、食卓の上にFの弁当があるのを見て、U（3：5.1）が「お母さん、

Uちゃんにも、いつこんなん作ってくれる?」と尋ね、Mが「大人になったらね」と答えると、Uが「大人になったら、お父さんと一緒にお弁当持ってお仕事するところへ行く」と言ったりしたこともあります。Fに同一視している面があるだけに、「Uちゃんが我慢してるんだから、お父さんだって我慢すべきだ」と考えているようです。しかし、完全に同一視してF＝Uと考えているわけではありません。Fは大人で、Uは子どもなのです。FはUのようにわがままでダダをこねてはいけないのです。

観察29　U（3歳5ヶ月29日）　朝目を覚ましたUが、トイレに行きたいのに行かずに布団の中でグズグズし、ムズかりかけています。起きていたFがUの右横に寝転がると、Uは「おとーさんなんか、あっちに行けー」とFを足で蹴り押します。一昨日、Uが不合理なことでムズかったときに、Fがそんなことで文句言うのは（イソップの）キリギリスが「冬なんか嫌いだー、夏にしてくれー」と泣くのと一緒だと言ってやると、Uが納得して治まったことがありました。そこで、Fは「冬なんかもう嫌い、はやく夏にしてー」とグズグズ、ムズかるUの真似をして、当てこすります。すると、Uは「大人はそんなん言わないんだよ」と言います。Fが「どうして?」と尋ねると、Uは「大人ってお利口なんだよ」と答えます。Uは、自分も「赤ちゃん」より「お利口である」べきことを頭では分かっているからこそ、口からでてきた台詞であるように思われます。

2 第2期（弟・Y）：兄の交友圏の周辺で、徐々に力を自覚

［弟（3; 3）〜（3; 5）　兄（6; 1, 8）〜（6; 4, 7）］

Yの第1期は、兄のUがやくざ的なことばを用いたり荒れて攻撃的になっており、Yもそれを真似るなどその影響をもろに受けていました。Yは叱られたり、非難されると泣き叫んだり、言い逃れをしようと嘘を言ったり、決して自分の過ちを認めません。とはいえ、Yは基本的には攻撃的ではなく、友だちと楽しく過ごすことを好みます。第1期は、Uに蔑視されたりしつつも、憧れのUと遊べるようになってきた時期でした。第2期は、Yが徐々に友だちと遊ぶ力や、自己主張の力を付けてきたときです。兄の領分にあるものにも手を出し、それを自分のものにしようと泣きわめき頑強に抵抗したりもします。Yは自分のパワーが増してきたことを自覚し始めたようなのです。

1　3歳3ケ月のY：兄の仲間に入れずに、親には規範に従えと命令

兄の遊び仲間の周辺で

家によく遊びに来るのは、U（6; 1）と同学年のイチ君（5; 6）と一学年上のアミ君（7; 2）と一学年下のタケ君（5; 3）です。イチ君が遊びに来ると、Uとイチ君とがにぎやかに呼吸

を合わせてしゃべり活動して遊ぶので、タケ君もYも近くにはいても遊びの中心には入っていけません。そんな時は、はみ出してしまったY（3：3）とタケ君（5：3）の二人が遊ぶことになりますが、二人は少し会話があってもあまり盛り上がった遊びにはなりません。それに対して、アミ君（7：2）が遊びに来ると、少し状況が違います。アミ君は、Uと似てレゴで何かを作ったり、その作品と人形や車などを用いて、じっと座って動き回らずに遊ぶのを好みます。イチ君はその正反対で、レゴやブロックで何かを作る遊びを好まず、家の中でもにぎやかに活動的に遊ぶのを好みます。アミ君とUがブロック作りや玩具などを操り、会話を中心とした遊びに熱中し始めると、Yもその側で同じように玩具などを操り遊びの仲間に入ることができます。アミ君が4歳年下のYのことも少し配慮してことばをかけてくれたりするためです。そこにタケ君（5：3）やイチ君（5：6）もいると、遊びの雰囲気ががらりと変わり、にぎやかな遊びになり、Yは遊び集団の周辺でウロウロしている周辺メンバーになってしまいます。

子どもたちが家の中でにぎやかに遊び出すと、FやMは「外で遊んでおいで」と家の外に追い出すことがしばしばありました。Uやイチ君（5：6）やタケ君（5：3）らは、外に出ると自転車に乗って遊び始めることもよくあります。自転車がないのはYだけになってしまいます。そんな時はYは三階の自分の家に戻ってきて、ごろんと横になり自分の指を吸っていたりします。Yは兄たちが外遊びに行くときは、兄たちが自転車で遊ぶのか否かをよく注意しています。自転車遊びなら自分は仲間外れと自覚しており、そんな時は一緒に外に出ることもしません。また、Uたち年上の子どもたちの外遊びが「虫採り遊び」の時には、一緒に外にはでるものの、Yは網も虫籠も持たず、単に周辺をウロウロするだけになってしまいます。七月二五日、Y（3: 3,26）、U（6: 2,4）、タカ君（小学三年）、タケ君（5: 3）、イチ君（5: 8）の五人が「虫採り遊び」をしたときも、二五日、同じ五人で「虫採り遊び」をしたときも、Yの参加のしかたはそのようなものでした。3歳3ヶ月の時期では、YはUたち年上の子どもたちの外遊びの仲間に入ることは難しかったといえるでしょう。Yが外遊びでUたち年上の子どもたちと一緒に遊べたのは、砂場で水を使って泥遊びをするような時に限られていました。Y（3: 3,21）とU（6: 1,29）とアミ君（7: 3）の三人で、住んでいる棟の前の公園で二つの水たまりをつなぐ川を作ったりして遊んでいます。次の日も、この同じ三人で今度はバケツに水を入れてもって行き砂場で同様に遊んでいます。この二回の外遊びは、アミ君以外の子が参加していないという幸運に支えられた例外的なものであったように思います。

昼寝から目覚めて、ベランダからUたちが外遊びをしているのを見てもY（3: 3,13）は外には行きたがらず、三階のベランダから、遠くで遊んでいるタケ君やUを大声で「タケくーん！」「おにーちゃーん！」と呼んでいます。その次の日も、Y（3: 3,14）は、外でUの遊んでいる声が聞こえると（Uの声はとても大きいので窓を開けていると三階の家でも聞こえます）、窓から顔を出して「おにーちゃーん、おにいちゃーん」と呼んでいます。いずれも、家に戻っておいで、家の中で遊ぼうという気持ちの表れです。この時期のYはU以外の誰かとじっくり楽しく遊べたという記録はありません。

兄について兄の友の家へ：　七月一八日、幼稚園から帰宅するやU（6：1.26）が「イチ君がウルトラマンのビデオを見せてくれるねん、行ってくるね」と言うので、Fが「Y君も連れて行ったげ」と言い、Mがイチ君宅へ電話して了解をとり、二人はイチ君の家へ行くことになります。Y（3：3.18）がイチ君宅へ連れて行ってもらうのはこれが初めてのことです。Yは実に嬉しそうです。この日の午後、Uが「アミ君とこ行ってくる」と玄関から出ると、Yもすぐにサンダルを履いてドアの外へ出て、「おにいちゃーん、おにいちゃーん」とUを追いかけます。兄について、兄の友の家に遊びに行く味をしめたようです。七月二二日、この日は、午前中、U、アミ君、Yの三人が子ども部屋で遊びます。Uとアミ君はレゴで遊んだり、ウルトラマンの絵を描いて遊びます。この二人は静かに何かを作る遊びが好きなので気が合います。Yはレゴも作らず、絵も描きませんが側で参加している雰囲気で遊んでいます。この日の午後、Uが「アミ君とこ行っていい？」と尋ねるので、FとMとが「いいよ」と答えると、Y（3：3.22）もすぐに「Y君も行く」と言い、Uについてアミ君のところへ遊びに行っています。この時期、Yは、Uが自転車遊びをするのではない限り、Uの行くところには、ついて行こうとするようになっています。

兄との「ごっこ遊び」や「平行遊び」

七月一日、夕食後、Y（3: 3.1）とU（6: 1.9）とFの三人でテレビの『ドラゴンボール』を見た後で、「ドラゴンボール」ごっこで遊びました。Yは「悟空」、Uは「猫仙人」、Fは「タオパイパイ」です。Uの「猫仙人」が、カリン塔に登り、チョウセン水を飲み戦うストーリーです。これは、前前回のテレビで見た内容を思い出して、三人で演じてイメージの戦いをする遊びです。Yもストーリーをよく分かっています。Yはこの遊びが気に入ったようです。次の日の夕食後も、Fがタバコを吸っていると、Yが「おとーさん、遊んで」と言います。「タバコ吸ってるから」と言うと、Y「終わったら、遊んで」と言います。その後、前日と同様に和室で、Fが「タオパイパイ」、Yが「悟空」、Uが「猫仙人」の役で、三人で戦いごっこをして遊びました。Fが入ってこのような遊びをしてやった影響もあるのでしょう、UとYの二人で「ウルトラマン」を披露するということがありました。先に述べたY（3: 3.18）がU（6: 1.26）について行きイチ君の家を初めて訪問し、『ウルトラマン』のビデオを見せてもらった日のことです。

観察30　Y（3歳3ヶ月18日）　夜の七時過ぎです。Mは「団地の夏祭り」の反省会に出かけています。寝室になる八畳の和室にはすでに布団が敷いてあります。U（6: 1.26）とYはその布団の上で、飛んだり、キックやパンチなどのポーズでウルトラマンごっこを始めます。UがウルトラマンエースYがウルトラマンタロウです。二人は和室をテレビの画面の中に見立て、今日イチ君の家で見たウルトラマンの最後の戦いのシーンを演じているようです。Fは隣の居間にいて和室で演じられる『ウルトラマン』のテレビを見る役目です。ウルトラマンエース（U）が、弟のタロウ（Y）にエネルギーを与えて、襖の陰に姿を消します。FからはYしか見えません。Yはキックやパンチで一人で壁と戦っています。襖の陰からUが「Y君、またエネルギーちょうだい」と言います。するとYが「ビッビー」とエネルギーを送ってUに与えます。襖の陰からまたUが姿を現します。その後、今度はUがタロウになったり、二人は役割をチェンジしたりもします。Fがタバコを吸うために、居間から横のダイニングの方に去ると、UとYは、すぐに「おとーさんテレビ見てー！」「早く見に来てー」と訴えます。UとYは実に仲良く遊べます。二人で合体するように力を合わせるシーンも演じます。また、いろいろなファイティングポーズも披露します。Uのウルトラマンエースが、たまたま和室にあったベビーチェアーに足を取られて倒れると、Yのタロウが「しっかりしろ」と抱き起こしたりもします。

Yはこのように U と遊べたことがとても嬉しかったようです。その翌日の日曜日、朝食が終わるや、Y（3：3,19）はU（6：1,27）に「Uちゃん、ウルトラマンごっこしようー」と誘っています。そこでUは色鉛筆でウルトラマンの絵を描き始めます。Fが「Y君も描いて」

などと促しますが、Yは「描かない」と言います。YはUのように上手くかけないので、日頃から絵を描きたがりません。これはYの想定している「ウルトラマンごっこ」ではありません。この日、YとUはダイヤブロックジュニアやレゴでも一緒に遊びますが、Uは作品作りに熱中するので、基本的に平行遊びです。二人は、小型の恐竜の形をした巻き尺のポケットザウルスや怪獣シールなどを操り遊んだりすることもありますが、それぞれが勝手なイメージを浮かべしゃべりながらシールや人形を操っているだけで、一つのイメージ世界が共有され「ごっこの世界」が立ち上がっているわけではありません。互いの声に影響されつつも平行遊び的です。二人の息のあった「ごっこ」遊びは、Fの参加した「ドラゴンボール」ごっこなどを除けば、観察30の「ウルトラマン」ごっこだけでした。

自分を主張、自分で行動

Yがずいぶんしっかりしてきたなと感じたのは、七月一二日の団地の夏祭りの日のことです。団地内では自治会が協力し合ってヨーヨー釣りやクジや綿菓子などさまざまな店が出ています。団地の人たちが大勢います。Y（3: 3,12）はヨーヨー釣りがしたくなると、自分から券売り場に行き並び、店の人にお金がいると言われ、Mの所に戻ってきてお金をもらい、また行ってヨーヨーを手に入れて戻ってきます。6歳となって兄のUは、この祭りでようやく一人で券を出して食べ物をもらったり、券を買うというソーシャルスキルを学習したという感じなのですが、Yはまったく平気でこのソーシャルスキルを使えます。また、Y（3：3.16）は変な自信と頑固さがあります。この日イチ君がクワガタ虫を籠に入れて遊びに来ます。Yは「オスって女のことやで」とさかんに言います。Fが「メスは？」と尋ねると、Yは「男のことやで」と答えます。FやMが「それは反対」と正しても、Yは絶対意見を変えません。また、トイレで大をするときは便器に跨がらせてやる必要があるのですが、側にFがいると、Y（3：3.19）はすぐに「お父さん、あっち行ってて」と言います。これは二〜三ヶ月前からかもしれません。「プライド」あるいは「恥」の意識が生まれてきているようです。その三日後には、Mの「お手々」ということばを赤ちゃん語に感じたのか、それに文句をつけています。外出から戻り、MとUとY（3：3.21）の三人が玄関から入るときのことです。Yがドアに手を挟みかけたので、Mが「Y君！　お手々」と注意するように言うや、Yは「手々やろうが、お手々でないやろうが」と生意気に訂正するように言っています。Yは人から注意されることを過度に嫌う傾向があります。次のエピソードも、頑固さとプライドの高さを示しているように思われます。

観察31　Y（3歳3ヶ月23日）　近くのスーパーに家族四人で買い物に出かけます。スーパーから出ようとするとき、Yが「アイスクリーム食べたい！　アイスクリーム食べたい！アイスクリーム！」と訴え、Mの手を引っ張りゴネ始めます。これは、前回Mと一緒にこのスーパーに行った際に喫茶点でアイスクリームを食べたためです。MがYの手を振り切り、先に歩いて行くと、Yは「おかーさん！　おかーさん！」と泣きつつMを追いかけます。近頃、Yは素直というよりは、ゴネて自己主張する傾向が少しあります。団地三階の家に着き、ドアから入る際、M「お家に帰って、チエおばさんのくれたアイスクリームを食べよ」と言いますが、Yはドアの中に入らず、「ここで食べる」とゴネ始めます（※これは拒否のための拒否、拒否癖です、問題は傷ついているプライドです）。しかし、Mに続きUもFも家の中に入ると、Yも玄関の中に入ってきます。しかし、靴は脱がずに、「手洗ってない！　手洗ってない！　手洗ってない！」とうるさくムズかり叫び始めます。いったん、居間からダイニングまで行き荷物を置いたFが、再び玄関にもどりYに「何して欲しいん？　はっきり言い！」と言うや、Yは非難するようにFの方を指差して「手洗ってない！」と言います。Yがこのようなことを言うのは初めてです。家に帰ったら手を洗いなさいとFやMが常日頃から口にしていることは確かですが、YがそれをFやMに指摘したのは初めてです。Yは要求（ここで食べる）を拒否された不満を、他罰傾向に切り返し、「家に帰ったら、まず洗面場に行き手を洗うべきなのに、FやMは手を洗わずに部屋の中に入っていった」と非難していたようなのです。そこでFが「そうか手洗ってないか」と言って、洗面場に手を洗いに行きます。すると顔が立ったのか、Yは靴を脱ぎ家の中に入り、まず手を洗ってからダイニングに行きます。

Yにとって規範はすでに親にも適用されるべきものなのです。この日、Mはもうだいぶ前から，Yはこのように「おかーさん、手洗い！」と命令すると語っています。観察31の前日には、Fが蛍光ペンでマークしつつ本を読んでいると、Y（3：3.22）が書斎にやってきて、「お父さん、本に書いたらアカンねんでー！」と注意することがありました。親の権威を越える規範を意識し、親に注意するようになっているという点では、3歳の時にU（3：4.8）が赤信号を渡ったFを注意したのと共通しているように思われます。Y（3：3.28）はこの時期自分のパワーも少し自覚しているのか、勝手に自分のものだと見なした「巻き尺のポケットザウルス」をU（6：2.6）から取り上げようとしています。Uは「Y君がとるー！」と哀れな高い声をあげて、Mに訴えに行ったりするので、どちらが兄か弟か分かりません。Yもなかなか生意気になってきているのです。この日の朝、Mが「今朝、Y君なんか夢みたって言ってたけど、どんな夢見たん？」と尋ねると、Yは「知らん、教えたげへん」とクールに拒絶しています。

2　3歳4ヶ月のY：力をつけUの遊び相手に、パワーを自覚し、頑固に自己主張

年上の子どもたちとの交流

八月になって幼稚園が休みになったこともあり、毎日のように朝からイチ君（5：7）やタ

ケ君（5: 4）が家に遊びにきます。この時期にYが仲間と遊ぶ力をつけてきていることは、Fの兄弟の家族と一緒に白浜に行ったときの宿での遊びからも分かります。一緒に宿泊した子どもは、ノリ君（6: 6）、U（6: 2）、サラ君（5: 9）、Y（3: 4）、ノコちゃん（3: 3）の計五人です。

観察32 Y（3歳4ヶ月3日） 海から上がってみんなで宿で休んでいるときです。Uは仮眠しています。一番年長で小学生のノリ君が、Yを妹のノコちゃんと従弟のサラ君に「チューしておいで」「ノコちゃんにチューし」「サラ君にもチューし」とそそのかします。ノリ君にたきつけられたYは、ノコちゃんやサラ君に抱きつき、「チュー」しようします。すると、二人は「チュー怪獣だ！」と言って逃げ出し、Yがそれを追いかけ大騒ぎになります。たきつけたノリ君も逃げる側です。ノリ君、ノコちゃん、サラ君の三人は「チュー怪獣だ！」「チュー怪獣だ！」と叫び、キャーキャー言って逃げ回ります。Yは「チューチュー怪獣」になりきって三人を追いかけ、Yも大興奮です。Yがハイになり過ぎているように感じた叔父が、介入しYを保護してようやく騒動がおさまります。疲れたのかその後Yも三〇分ほど仮眠しています。

Yは一人悪役にされてもめげたりする様子はまったくありません。むしろ、遊びの主要メンバーになって喜んでいるようにもみえます。Mは「日頃からYはいつもUの友だちと遊んでいるので、このような怪獣役など、みんなを追いかける役をよくやらされており、慣れている」と語っています。Y（3: 4.15）とUとイチ君とタケ君の四人が遊んでいるとき、Y以外の年上の三人が、Yをからかって遊ぶようなことがありますが、Yはからかわれても決して嫌がっているようにはみえません。観察32の約二週間後、Fの芦屋の実家に三〜四日泊まることがありました。ノリ君（6: 6）や妹のノコちゃん（3: 3）も遊びにきているときのことです。ノリ君が「Y君、チューチュー怪獣になり」と言うと、Y（3: 4.17）はすぐに調子に乗り、唇を突き出して「キス」をしようとする怪獣役を引き受けます。Uとノリ君とノコちゃんの三人は、「怪獣だー！　キャアー、ワァー、逃げろー！」「Y君、あっちをやっつけろ！」と言って逃げ回ったり、また反撃しYを攻撃したりします。Y一人損な役回りなのですが、それなりに役になりきり、楽しんでいます。Yは、3歳代のUに比べて、つねに年長児の間でもまれているせいかなかなかタフです。

Y（3: 4.1）と家に遊びに来ているタケ君（5: 3）とがトラブルになり、Yがタケ君を蹴ってタケ君が泣いてしまうことがありました。しかし、小さな事件です。その後はYとタケ君とは、家の中でも、家の外でも一緒に二人で遊んでいます。その日の夕食の時、Fが「ピーマンを食べたら強くなるよ」などと言ったりしている文脈で、Fが「Y君も近頃強くなってきたな」と言うや、そんな話題はまったくしていなかったのに、Yはなんと「泣かしたから？」と言います。どうも、Yは今日タケ君を泣かしたことをとても誇らしく思い心の中で反芻していたようなのです。観察20でY（3：1,18）が「タケ君（5：1）、泣かしてやった」と自慢していたときと、同じ精神です。日頃遊びグループの中で一番下の位置にいるYは、瞬間的にでも、自分がタケ君より上位であることを実感できたエピソードを心に刻んでいるといえるでしょう。

Yは、Uとイチ君の二人がのりのりになって掛け合いで遊び始めたときや、Uとアミ君がいろいろな複雑な会話で高度な遊びをし始めたときなどは、いつもその側で平行遊び的な一人遊びをすることがよくあります。タケ君もその点は、Yと同じ立場です。Uとイチ君のペアにしろ、Uとアミ君のペアにしろ、息のあった遊びをペアで楽しむので、Yにしろタケ君にしろ年上の兄貴たちの遊びの中に入っていけないことも少なくないのです。タケ君とYも本当は一緒に遊びたいのですが、年上の兄貴たちの会話ペースについていけず、仲間に入れてもらえないのです。そんな時は、残されたタケ君とYとが二人で遊ぶことになります。Uは、イチ君やアミ君がいると、Yやタケ君を自分の遊び仲間だとは思っていません。しかし、イチ君やアミ君など自分の本来の仲間がいないときには、UがYやタケ君と遊ぶことも多くあります。つまり、YはUを中心とする子どもたちの遊びの流れが、自分も紛れて入っていけそうなときには、その遊びについていき、うまく入れそうにもないときには、周辺で平行遊び的に一人で遊び、ときおりUたち主流の遊びの様子を伺って、見に行ったり少しちょっかいを出したりといった様子です。Uやイチ君やタケ君が外で自転車に乗る遊びをすると分かると、Yは決して外には行こうとしません。自分が遊びに入っていけないことがよく分かっているからです。この時期、Yの意識としては、タケ君やイチ君を「自分の友だち」と半分思っているようなのですが、残念ながら、タケ君もイチ君も二人ともYと遊ぼうとしてYの家にやって来るわけではありません。Y固有の遊び友だちはまだ存在していません。

兄がYに一目置き新しい関係に

Yの3歳4ヶ月というのは、幼稚園が夏休みということもあり、朝からUとYとが仲良く遊ぶことが増えています。たとえば八月一一日の様子を少し紹介しましょう。

観察33　Y（3歳4ヶ月12日）　①朝六時半頃からU（6：2,20）とYは親より先に起きて二人で遊んでいます。「ドキドキ学園チョコ」のおまけのシールを交換し合ったりしています。七時過ぎに、まだ寝床にいるMの所にYがやって来て「おかーさん、見てUちゃんからもらった」とサインペンや折紙の（大人の）作品などを見せに来ます。昨日、UとYは友だちが来なかったので習字をして遊んだりしました。その時Yが「へ」の字を上手に筆で書いたのでみんなでほめてやることがありました。Uはそのことを踏まえて「だって、Y君一発で『へ』の字が書けたんやでー、すごいわ、何かあげなきゃかわいそうや」と、Yに褒美を与えた理由を語ります。こんなことは初めてです。

②この日は午前中実に仲良く二人で遊びます。二人でベッタン（メンコ）をしたり、ブロックをしたり、アップリカの車にUが跨がり、Yを追いかける遊びをしたりします。九時四五分になると、ラジオから「ドンドコドン、ドンドコドン」と『お話でてこい』が始まります。それまでブロック作りでYと遊んでいたUは、『お話』が始まると手を休めて、熱心に『お話』を聞きます。兄をラジオに取られてしまったので、Yは一人でブロックで何かを作って遊びます。ラジオの『お話でてこい』が終わるや、Yは「終わったよ、Uちゃん、お話終わったよ」とUに呼びかけます。子ども部屋の隣のダイニングからMが「Y君、終わったら（ラジオ）消して」と言うや、Yは「だって遊ぶんやもん、終わったらUちゃんと遊ぶんやもん」と言い、Uを遊びに誘います。ラジオからUを奪い返すので、ラジオを消す余裕はないということのようです。

Yにとって U は最高の遊び友だちなのです。Uとタケ君が自転車に乗り始めたとき、珍しくY（3: 4.20）が三輪車に乗ろうとすることがありました。U（6: 2.28）はYの乗った三輪車を押してやったり、ペダルを回すことを教えたり、モデルを示し「Y君よく見ててみ、足がグルグル回ってるやろ、Y君こいでみ」と三輪車のこぎ方を教えたりしています。Fは部屋の窓から見ていたのですが、Uは「そう、ほら、こげた、今の見たか、Y君こげたで」など、すこぶる兄さんらしくYに三輪車の乗り方を指導しています。UはY（3：4.24）の描いた絵を「Uちゃんも3歳の時には、こんな上手に描けなかったよー」とほめてやったりしています。また、Uが子ども部屋で一人でトランプの神経衰弱を始めているとき、Y（3：4.27）が「Y君もしたい」と言うと、Uは「一人でするより二人の方が楽しいもん」と言ってYを参加させたりもしています。

兄弟ゲンカも激しくなる

以上のように兄弟で仲良く遊べることが増えただけではありません。Uにすれば、Yもしっかりしてきて話が分かるように感じてきたからこそ、遊び相手として面白くなってきたのだと思いますが、反対にそのことは、Yに話が通じないとかえって不満が高まることになります。Yの方も、自分の力を少し感じ始めてきただけに強くたてつき、火に油を注ぐという結果になることも少なくありません。

U（6：2.13）とY（3：4.5）と遊んでいて、Uがすごく偉そうな口をきき、それに対してYがトンチンカンなことを適当に言うと、Uがすごく怒り、さらに口でやり込めるような攻撃をするのですが、Yがさらにトンチンカンなことを言ったため、Uがたたいたり蹴ったりして攻撃するというケンカが発生してしまいます。一般に、Yは手に入れたいと思うと、Uが手にしているモノでも奪おうとしたり、Yには正当な権利がない状況でも、自分の我を通そうとする行為を妨げられると「ギャー」とわめき、しつこく兄のものを奪おうとしたりします。Uが何か言ったのに対して、Yが手を出して、Uがそれにやり返し、ケンカが始まることもあります。ケンカとなればYはしつこい面があり、いくらやられてもやり返しに行きます。親から見れば明らかにYの方が悪いのですが、Yは「Uちゃんが先にやった」とさんざんわめくこともあります。Y（3：4.15）とUのケンカは最初は口げんかですが、Yが先に手を出し、Uはほぼ防戦一方になり、FやMが止めても、Yはケンカを絶対やめません。寝転んだまま「ギャー、ギャー」と泣きわめき、MがYを抱え玄関に連れて行き、「泣き止まないなら」外へ放り出そうとするような素振りを見せると、Yが「静かにするから」と言うので下に降ろしてやると、余韻で少し泣いていたがしばらくして治まるというようなことも多くあります。

我を張る、嘘をついてでも自己弁護、他罰傾向

Yが「批判されるとすごく傷つき、嘘をついてでも自己防衛」（3歳0ヶ月）し、そして「親の批判を受け付けず、自己正当化」（3歳1ヶ月）することはこの間も一貫して続いていることです。3歳4ヶ月に新たにみられるようになっているのは、口が達者になり他罰傾向が明瞭になってきたことです。そこには親を相対化できるようになった、自信のようなものもあります。

Yが夕食中、Fがテーブル上に落としたご飯粒を拾い口に入れたのを見るや、Y（3:4.1）「おとーさんも子どもかなー」と言います。Fが「どうして？」と尋ねると、Yは「だってこぼすじゃないか」と言います。父親も自分と同じレベルだと言いたいようです。Fが本物そっくりのビニール製のハンバーグを持ち帰ります。Y（3:4.1）はてっきり本物と思い食べかけます。その後、Mがそのことに言及するや、Yは「お父さんが食べられるって言ったもん」と嘘を言い、悪いのはFで、自分は騙されただけだと自己弁護します。自分の勘違いを認めたくないのです。プライドが傷つき易いのです。

白浜に海水浴に行った帰りの電車の中のことです。Y（3:4.4）がUの飲み残しのジュースの缶に手を伸ばすので、Mが「これはUちゃんの、Y君飲んじゃったでしょ」と缶を取り上げるや、Yは「ギャーワァー」と泣き、「欲しいもん！」と泣きわめきます。電車の中なのでFがYの足をピシャリとたたき、Mが「ダメ、うるさい泣いたらダメ」「分かった？」と言うや、Yは「分かった、言わないでって、言ってるでしょ！」となんとか泣きわめくのをこらえます。この「言わないでって、言ってるでしょう」と、言ってもいない台詞を口にできるようになったのがこの時期の達成です。YはMに「『うるさい泣いたらダメ』なんて言わないで」と言っていたのに、なんで「うるさい泣いたらダメ」としつこく言うのとMを責めているのです。Yにすればしつこい Mも悪いのです。また、Y（3:4.7）がダイニング流し横のステンレス台の上に置いてあった観葉植物の植木鉢の蔓を引っ張って床に落としてしまうことがありました。Mが「Y君ダメ！」と叱り、床にこぼれた土を拾い集めて、その拾い集めた土を再び集め、植木鉢の上から落とし土を元に戻そうとしていると、一部の土が、鉢の中に入らずステンレス台の上にパラパラとこぼれてしまいます。これを見るや、Yは「おかーさんだって、落としたやんかー！」と鬼の首でも取ったかのようにMを非難します。鉢の土を外にこぼしたという意味では、MとYは同罪だというのがYの論理です。因果のロジックはすぐにねじ曲がります。Yが自分が悪いと思っていることをしてしまったとき、それを注意されたり話題にされたりすると、Yは怒り泣き叫び「○○してない！」「してない！」と怒ってMをたたいて抗議します。MをたたいたことをFが非難するや、Yは「たたいてない！」などと事実を曲げてでも自分の正当性を主張します。これは2歳年長の友人のタケ君（Yと同じ次男です）がいつも自己弁護で用いる方法です。タケ君から学んでいるように思われます。重要なのは真実か虚偽かではなく、「誰が悪いのか」それを言い立て自己弁護するという高度なソーシャルスキルです。この時期、Yはそのような弁論技術を、プリミティヴな形であれ身につけ始めていたように思われます。

3　3歳5ヶ月のY：兄の遊び仲間の一員になり、交流も広がる

兄の遊び仲間のメンバーになる

U（6：3,9）とイチ君（5：7）が自転車で外遊びに行こうとすると、Y（3：5,1）も昨日から室内から室外用にしたアップリカの車に跨がりついて行こうと、一緒に外にでたのです。自転車で遊ぶUたちについてYが一緒に外にでて遊んだのはこれが初めてのことです。この日は雨降りの後で、自転車で遊ぶというより、結局三人は砂場で泥んこ遊びになっています。そして午後は、U、タケ君（5：4）、Yの三人でレゴなどで作品作りで遊んでいます。九月九日、イチ君とタケ君が家に遊びにきたときのことです。U（6：3,18）は子ども部屋の中の自分の横に、机の椅子や高椅子や玩具入れのワゴンなどを移動させてイチ君（5：7）とタケ君（5：4）を基地作りに誘います。Uは子ども部屋の反対側にあるYの机の方を指差して「あっち側、Y君の方が悪いやつな、こっちいいもん」と言い、Y（3：5,10）一人を悪者にします。Uには友だちと遊ぶとき弟をかばう発想はまったくありません。Yはこれぐらいではまったくめげません。平気で、一緒に遊んでいます。その三日後、またタケ君が来てUとレゴで遊び始めます。Y（3：5,13）は一緒にレゴで遊んでいるかと思うと、離れて一人で本を見ていることもあります。そう思っていると、また二人に合流して遊んでいたりします。四日後タ

ケ君が来たときは、Uが紙で「パクパク占い」作りに熱中して一人で遊んでいるので、タケ君はY（3；5,17）と二人で遊んでいます。

「ビックリマン」などのシール： 九月一七日には、家の外で、UやイチくんやUの同学年のタミ君とY（3；5,18）の四人が、タミ君のもってきたストックブックを中心にして、「ビックリマン」や「ドキドキ学園」などの菓子のおまけのシールを見せ合ったり、交換したりしてにぎやかに遊んでいます。一月ぐらい前から、UとYの遊び世界に、「ドキドキ学園」などのおまけシールが浸透し始めてきています。シールに関しての会話ややりとりでは、Yもいっぱしのメンバーであるかのようにそれに参加できるようです。その後、四人は家の中に入って、Uの作った折紙の「パクパク占い」やチョロQなどで遊んでいます。

九月二一日には、ササちゃん（小三）とモモちゃん（小二）の姉妹が遊びに来て、UとY（3；5,22）は「ドキドキ学園」や「ビックリマン」のシールを見せたり、雑誌のビックリマンシールの説明を一緒に見たりして遊んでいます。姉妹が近所の女の子の家に去ったので、UとYとは、足をねんざし外出できないイチ君宅へ遊びに行っています。Yはイチ君とビックリマンシールの交換が成立して喜んでいます。Uはイチ君にビックリマンシールを一枚もらい大喜びしています。三日後、雨の日で遊びに来たイチ君、タケ君とUとY（3；5,25）は家の中で、ビックリマンシールを見せ合ったり、ゴム怪獣（ネクロス人形、恐竜等）などを操ったりして遊んでいます。Uの友だちのイチ君のことを、Yは自分の友だちのように気に入っています。イチ君がピンポンとドアチャイムを鳴らすと、Y（3; 5,27）は「あっ、イチ君や」と言い喜び玄関ドアを開けに行っています。この時期、YはU、イチ君、タケ君などにまざりよく一緒に遊んでいます。家の中の方がYは一緒に遊べるようです。「ビックリマン」などのシールが子どもたちの遊びの媒介になりつつあります。シールは異年齢交流を円滑にする機能があります。

同輩の友だちができる

九月二六日、午後三時頃イチ君が帰宅するのと前後して、珍しくモモちゃん（小一）とササちゃん（小三）姉妹とミクちゃん（3; 5）とシホちゃん（4; 11）姉妹の四人が遊びにやってきます。一時間ほどUとY（3; 5,27）の六人でおやつを食べたりして遊びます。これがきっかけになったのか、三日後、家が近くのミクちゃん（3; 5）が初めて一人で遊びにきます。Yとミクちゃんは誕生日も近く、共に第二子のためかよく遊べます。ミクちゃんは、Yの3歳代の唯一の同年齢の友だちになります。

観察34　Y（3歳5ヶ月30日）　ミクちゃん（3; 5）は大型イチコウの新幹線に跨がり、Yは大型快速電車に跨がって遊びます。Yはダイヤブロックジュニアで作ったカメラで「パッチン」と言って、ミクちゃんの写真を撮る真似もします。ミクちゃんは白いクマのぬいぐるみを手にしています。その後、二人は子ども部屋から雑誌『よいこ』を一冊ずつ持ってきて、畳の部屋のコタツ机に90度（直角）の位置に座り、それぞれテーブル上に『よいこ』を拡げて、ときどき会話的に楽しそうにしゃべっています。雑誌の『ゲゲゲの鬼太郎』を見て、Yは「僕はネコちゃん」、ミクちゃんは「ミクが鬼太郎で、Y君がネコちゃんね」などとしゃべっています。Yが雑誌を見つつ「か」「こ」「あ」「た」「て」と、まるで一字一字読んでいるかのようなふりをし始めます。これは兄のUが字を読むふりをしているのとそっくりです。ミクちゃんが「これなんて書いてあるの」と尋ねると、Yは「た」「こ」「ね」「あ」などともっともらしく答えています。数字と分かるのか、数字を尋ねられると「ハチ（八）や」と言ったりしています。ミクちゃんの母が迎えに来るまで、一時間ほど二人はこのように楽しそうに遊んでいます。Yがこんなに楽しく同輩と遊ぶのは、近頃ほとんど見なかったことです。

兄との新しい関係

八月末にUは眼科に行くことがありました。その後九月九日のことです。この日も、U（6: 3.18）とY（3: 5.10）は朝七時前から起き出して実に仲良く、にぎやかに遊びます。雑誌『テレビランド』のおまけのカードをめぐって大声でしゃべっています。まだ寝床にいるFが「うるさい！　静かにして！」と叱るほどです。そうこうしていると、二人は「目医者さんごっこ」を始めます。Yが居間にある電子ピアノの椅子に腰掛けて患者役で、Uがその正面に立ち、眼科医の役です。UがYの目を覗いたり、「これが見えますか？」と尋ねたりし、Yもそれに適切に答えています。Uは「はい、それじゃあ、ここを見てください、見えますか？」と尋ねたり、「はい、じゃあ、今日はこれでおしまいです」などとも言っています。二人は、目医者さんごっこを実に楽しそうにやっています。UとYとが互いに明確な役割をもつごっこ遊びをしたのはこれが初めてのことです。このような遊びを見ても、この時期のYが年長の子どもたちの遊びについていけるようになっていることがよく分かります。

兄のものを奪ったり、兄に上から目線で注意したり：UとYが二人だけの時、よくトラブルが発生します。悪いのは、たいていYの方です。Uが手にしているものを、Yが欲しがり、Uが与えないと、Yがそれを「○○、Y君の！」と主張して奪おうとします。Uが反撃すると、Yが「ぎゃー！！」とすごく泣きわめき、あきらめるどころか逆にUにしがみつき我を貫こうとします。ところが、状況によっては、Yの方が兄貴ぶることもあります。この日も、Uはいつものように「今日は幼稚園に行かへん！」とゴネます。運動会の練習があるためです。Y（3：5.27）はスムーズに起床して服を先に着替え、布団の上にいるUの所へやってきて、「Uちゃんのご飯食べちゃうよ」と言ってダイニングの方へ戻っていったりします。Uが「ウェーヘェー」とムズカリ声を張り上げると、Yは「じゃあ、Uちゃん早く服を着なさい」と兄貴ぶったことを言います。

Yの思考の広がり、時間意識

3歳代の第2期（3歳3ヶ月〜3歳5ヶ月）になると、Yの思考力や会話の力が少し伸び、それと同時に、独特の時間意識や死生観を口にしています。Y（3：3,18）はUが園で作った風鈴を見て、Fに「これどうやって作ったか知ってる?」と、Fの知識（思考内容）の有無を尋ねています。また、家族四人で家から離れた場所からの帰路の道を歩き始めたとき、Y（3：3,4）が「帰るのって大変だなあ」と言うので、Mが「そうだよ、Y君、どうしてそんなこと考えたん?」と尋ねると、Yは「頭の中から勝手に出てきたん」と答えます。少しは自分の思考過程を意識化できるようになりつつあるようです。

明日や未来について：　この時期、Yはまだ「あした」という概念がまだよく分かっていないようでした。Fが「あしたプールに行こう」などと言っていると、Y（3：4,20）はすぐに「行こ!」とか「さ、行こ」とか言ったりします。Fが昨日イチ君が描いた絵を見せて「これ、イチ君が描いたんやね」と尋ねると、Y（3：5,28）は「今日とちがう、あした、それはあした」と答えます。どうも「今日描いたのではなく、昨日描いた」と言いたかったようです。「あした」を正しく用いることもありますが、まだまだ不十分です。しかし、未来のイメージはもてていないわけではありません。兄が通っている絵画教室にYも行きたいもののの、まだそこに行くには自分の絵は下手だという思いがあります。そこでY（3：5,14）は「えーと、練習しといたら、大きくなったら、描ける?」と尋ねたりします。練習して大きくなって兄のように絵がうまく描けるようになれば、教室に通えると思っているのです。

過去や記憶について：Yが生まれたのは、京都市伏見区桃山の団地です。約1歳半の時に現在の奈良市の「高の原」の団地に転居しています。八月二二日、夕食中にU（6;3,0）が「Uちゃんまた桃山に住みたいなー」などと言うので、それに応えFやMが話をしていると、Y（3;4,23）が「桃山行ったらまた赤ちゃんにもどるかなー?」と言います。Mが「どうして、赤ちゃんにもどるの?」と尋ねるとYは「だってさー、生まれてきたんでしょう?」と答えています。この二日後も同様の台詞を口にしています。場所と時間とが癒着してしまうようなのです。とはいえ、日常の範囲では、そのような癒着はなく、過去の出来事をそれを知らない他者に伝えるようなことは、可能になっています。Y（3;5,3）が「今日Y君どこ行ったと思う?」と尋ねるので、Fが「どこ?」と聞くと、Yは「団地の向こう「タケ君がね、ここ怪我したの」と言います。Mが「どこ怪我したの?」と尋ねると、Yは「ここ、滑り台降りるとき」とうまく出来事を叙述できています。また「思い出す」ということばもうまく使えています。朝寝床でY（3;5,18）が「思い出した、思い出した」と言うので、Mが「Y君、何思い出したの?」と尋ねると、Yは「ウルトラマンの、イチ君とこで見た」と言います。Mが「前にイチ君とこで見せてもらったねー、ウルトラマンの夢見たの?」と言うと、Yは「ちがう、思い出したの」と言います。「思い出す」という思考プロセスを意識化できるようになりつつあるのは、Y（3;3,4）が「帰るのって大変だなあ」という思いが「頭の中から勝手に出てきたん」と語っていたことと符合してるように思われます。

虫の死について：虫の死を理解することは子どもにとってかなり難しいことのようです。虫籠の中に放置されていたカミキリ虫が死んでいるのが見つかります。Y（3：2,29）がこの死んだ虫を手にして、食卓に持ってくるので、Fが「死んでるから、Y君お墓作ってあげて」と言うと、Yは「お墓作ったら死んじゃうもん」と言います。Mが「死んだらお墓に入れたげるん」と言いますが、Yは「おとーさん、弱ってるだけ」「おとーさん、あの虫さん弱っているだけやねー」と言います。お墓に入れて失いたくないようなのです。まだ死のことがよく分かっていないようです。その後のエピソードはYが少しずつ死を理解し始めている様子がうかがわれます。Y（3：4,9）が死んだアブラゼミを手にしているので、Fが「お墓作ったげ」と言いますが、Yは手放そうとはせず、その後もアブラゼミをいじっています。そうこうしていると、セミの脚が一本取れてしまいます。するとYは「可愛そー」「脚とれてしもうた」と言います。Uが「脚とれたんかー」と言うと、Yは「こいつ動けへんでー」と言います。セミが死んでいるとは認識されていません。FがY（3：5,3）に「虫さんのお墓作ろう」と言って、玄関脇に放置されている五～六匹の死骸を葬ろうと誘います。Fがスコップで穴を掘り、Yも手伝い、死骸を入れ穴に土をかぶせます。土をかぶせるやYは「また生き返るかな？」と言います。復活するかもしれないと考えているようです。一時間半ほどして、FがUに虫のお墓を作ったことを話していると、Yは「誰かが、お墓を見つけた人が、拾ったら大変だね」「誰かが死んだカブトを見つけたら大変だね」と盛んに言います。なぜか、墓が暴かれることを気にします。一週間後夕食中、Y（3：5.10）がイトヨリの焼き魚を見て、「これ昔生きてたん？」と尋ねるので、Fが「そうだよ」と答えると、Yは「また昔になったら生きるかな？」と言います。これは、その少し前にMが「Y君は「桃山に行ったらY君また赤ちゃんになるかなー」って言ったりするもんね」などと話していたためかもしれません。昔に戻れば、Yは赤ちゃんになり、イトヨリは生き返ります。難しいのは過去に住んでいた場所には戻れますが、過去には戻れないことです。しかし、過去は記憶の中では蘇るのです。このことを本当に理解するのは、3歳児どころか、私たち大人にもけっこう難しいことのように思われます。ベルクソン（二〇一五）が言うように過去は今も存在しています。昔住んでいた場所には若かった私がいるのです。記憶にはそれが現れます。しかし、実際に昔住んでいた場所に行っても、過去の自分の一部しか鮮明に蘇りません。大人でさえ、過去の自分と現在の自分とのズレを感じてめまいを感じることさえあるのです。

3章

パワーアップし拡がる 3歳の世界

（第3期：3歳6ヶ月～3歳8ヶ月）

兄U（3; 7, 8）と弟Y（0; 9, 0），芦屋のF実家にて

【第3期のU】この時期、弟は狙ったモノを手でつかもうと、その方向へ這うことができるようになっています。Uの作品に手を伸ばし壊してしまうことも多く、Uが弟を排除し攻撃することも少なくありません。また、Uが応答してやるとキャッキャッと喜ぶこともあるので、Uが自発的に相手をしてやることもみられています。とはいえ、母親の膝を奪った強力なライバルであることは変わりありません。Uはしばしば「ダッコ」と母の膝を求めています。同輩と遊ぶ機会は散発的にありますが、安定しているわけではありません。3歳6ヶ月代はタイチ君との平行遊びで少し気分が紛れていますが、3歳7ヶ月代はそのタイチ君との関係でストレスを高めています。3歳8ヶ月代に、仲良しのマヤ君と遊べたり、公園で出会った異年齢仲間に入っていけそうな兆候もみられています。外部の子ども集団へ入って行けそうな気配を親は少し感じていますが、Uに声をかけてくれる仲間集団が現実に存在していたわけではありません。それ以降、入っていけそうに感じた子ども集団には出会えていません。

Uは外に力を十分発散できないだけに、いろいろ空想したり考えるようになっています。「大人になって死ぬのが嫌だなあ」と言い、「弟が死んで同じ顔の赤ちゃんが生まれたら」と考えたりするようになっています。知的な面での柔軟性は増しています。二つのルールを自由に使いこなしたり、新しいルールを提案したりすることや、夜一五分長くテレビを見るために、朝一五分テレビを見るのを我慢するなどが可能になっています。また、「お父さんのお仕事するところにはトイレがあるの？」と尋ねたり、さまざまな疑問を抱くようにもなっています。思考することは、自己抑制につながりやすいのです。

その反作用のように、ときどき「思いどおりにしたいんだ！」と感情を爆発させ、親の注目を浴びようとしています。鬱屈する気持ちを解消できるのは、父親と「宇宙刑事シャイダー」ごっこをするときです。「父親を悪にして、ヒーローの自分が悪をやっつける」といったシナリオは卒業し、「父親とUとが悪役になって、力を合わせて、ヒーローをやっつける」という悪のシナリオを気に入るようになっています。母の膝の上から追放されて、どこへ行けばよいのか、それは仲間がいる方向だとU自身も強く感じているようです。しかし、まだ仲間と十分に会えていません。そんなUの日々の支えは、空想と親との会話です。

【第3期のY】 Yの目標は兄たちの仲間集団のメンバーの一人として認めてもらうことです。第3期にYは少しその目標に近づいています。カマキリを迷路でからかう遊びや、自転車での外遊びなど、まだ入っていけない遊びの時も少なくありませんが、ビックリマンシールのおかげで、シールを媒介にして年上の子と交流することが格段に増えています。3歳7ヶ月代には、タケ君にシールを何枚もプレゼントし関係を深めています。年上のタケ君はYから見ると自分の友だちです。また、よく知らない小学三・四年生を含む複数の年上の子ともシール交換をしたりします。Uがいないときに、家の中でアミ君やタケ君と三人で遊ぶといったことも出現しています。また、同輩のミクちゃんとはリラックスして本当に仲良く遊べます。兄のUとも取っ組み合いで遊んだり、ビックリマンシールを見せあったりして、まるで友だち同士のように遊びます。親密になるにつれ、厚かましく兄に要求したり、自分に非があっても図々しくぜったい謝ろうとはしなかったりします。Yが3歳7ヶ月の時、兄は「Yなんか大嫌いだと」と宣言していますが、3歳8ヶ月には、兄は「僕の一番好きな友だちはY君や」と語っています。

親に否定されたり批判されることを嫌って、「イヤー!」と言って泣き叫ぶ傾向は相変わらず続いていますが、単に自己防衛で泣きわめくというより、そこに手段的な意識が混じっているようにも感じられます。自信が少し生まれてきつつあるようです。兄が優しくモノを提供しようとすると、もっとよこせと理不尽な要求をし、それが叶えられないと泣きわめきます。それを親に非難されると「だって……なのに」「だって……」と自己弁護したり、「どうして……したらダメなの?」などと屁理屈をこねたり、「泣いてる途中でゴメンなさいって言えるか!」と自己正当化をします。指示されるのは「イヤ」、謝るのも「イヤ」という強情さは、兄にはみられなかった態度です。3歳8ヶ月には、親の指示に「ハイハイ」「ハイハイ」と調子よく返事して、それをやりすごそうとする新たな行動が出現しています。自分に都合の悪いことには、基本的に聞く耳をもちません。自分の未来（幼稚園に行く）や自分の過去（2歳の海水浴）のことを少し口にしたり、テレビで子ども型アンドロイドが爆発したのを見て、「Y君死んじゃうのイヤだなー」などと言うようになっています。自己が未来や過去にも少し延長されてきているようなのです。

1 第3期（兄・U）：弟の排除と自我主張、悪の喜び
［兄（3; 6）〜（3; 8）弟（0; 7, 22）〜（0; 10, 22）］

1　3歳6ヶ月のU：仲間もできて、弟をあやしたり、排除したり

第2期の終わり頃から、Yが激しくMの後追いをするようになり、Yが再びM争奪のライバルとなり、またもYに対する嫉妬が顕著になっていました。第3期になって、近所のタイチ君の母親が第二子を出産したということもあり、毎朝Mがタイチ君を遊ばせるため一時間ほど預かり、Uとタイチ君を一緒に外遊びさせたり、家の中で遊ばせたりするようになっています。そのためか、3歳5ヶ月や、3歳7ヶ月の時期と比べると、Uのストレスが相対的に少し緩和されているようにも思われます。

毎朝出会う仲間ができる

一一月二九日より、タイチ君の母親が下の子を出産したばかりで外出できないので、Mが毎朝タイチ君を迎えに行き、Uと一時間ほど遊ばせています。外もあれば家の中で遊ばせることもあります。家の外では、タイチ君（2; 11）はU（3; 6）の後にぴったりついて遊ぶので、

Mは二人を別々に追いかける必要はなく、見てやるのも苦労はなかったとのことです。家の中で遊ぶときは、タイチ君もそれほどUの後をついてばかりではなくいろいろな玩具でも遊びます。Uとタイチ君が二人でオルガンを鳴らして、楽しそうに遊んだりもします。Y（0：8,1）は二人に徹底的にじゃま扱いされます。Yが出している玩具を触ろうとするので、MがU（3：6,9）に「何かY君にも貸して」と言うと、Uは「ダメー！」と拒否します。すると、タイチ君もすぐに続いて「ダメー！」と真似をして拒否します。タイチ君は口数は多くありません。一二月七日、遊びに来ているタイチ君がプラレールの箱をもって、Uから離れたところへもって行くので、U（3：6,15）が「なんで一人でもって行くの、そんな意地悪したらダメ」などと言いますが、タイチ君は黙ったままです。するとUは「なんとか言ったらどう、黙ってばかりしないで」と言ったとのことです。タイチ君とは会話的にやりとりしたり、共同のごっこ遊びをすることは難しかったのですが、このように毎朝遊べることは、Uにとってとても息抜きになっていたようです。それだけに、一時間ほど遊び、Mがタイチ君を家に見送るときがUはつらかったようです。一二月八日、Mは「Uはこのところ、毎朝、タイチ君をタイチ君の家に見送っていくとき機嫌が悪く、無理難題をふっかけて泣きわめく」と書いています。Uによると、泣きわめくのは「（タイチ君が）帰ってしまって寂しい感じがする」からだそうです。一二月一六日、Uのビデオを録画しているとき、U（3：6,24）が自分の遊ぼうとしているベンチ上のダイヤブロックジュニアのブロックにY（0：8,16）が触ろうとするや、「触ったらダメ！」と言いすぐさま取り上げて、Yを押し倒し、さらに少し押しつぶそうとしたりもします。このようなことはよくあることです。これを見て、Mは「Uは自分が、Yが邪魔になりYを突き倒したり、モノを取り上げるくせに、タイチ君がUの真似をしてYに対してそのようなことをすると、UはすぐにいつもMがYにしてやっているようにYを慰める」と語っています。タイチ君は、Uにとって鏡のような役割も果たしてくれていたことがよく分かります。同輩との交流はその意味でも大切です。

能動的になってきた弟をあやす

U（3：4.1）とY（0：5.24）が二人で四畳半の押し入れの上の段に入って、アヒル型の電気スタンドを点して二人とも満足そうにしていたエピソードはすでに紹介しました。あの日以来、四畳半の押し入れ上段は、Uの「勉強部屋」ということになっています。夜八時過ぎ、U（3：6.6）は暗い押し入れの「勉強部屋」に入り、懐中電灯で「シャイダー」の絵本を見たりしています。FがY（0：7.29）を抱きこの押し入れの前に連れて行き、Uの様子を見せてやります。そして四畳半の隣室六畳に戻ります。四畳半は暗いのですが、押し入れ上段は懐中電灯で明るくなっています。FがYを抱いて立ったままじっとしていると、Yは明るくなっている押し入れ上段を見つめ、Fの腕から抜け出そうともがき、ムズ声を出して押し入れの方へ行きたがります。Yを抱いてやっているときに、このようにYが移動を要求したことはこれまで一度も経験しなかったことです。Uの世界に対して、Yは強く惹きつけられるようです。

Mが添い寝でY（0: 8.0）とU（3: 6.8）とを昼寝させようとしているときのことです。電話が鳴ったので、Mは電話で話しています。その間に、Yが泣き出します。Uが「カイグリカイグリ、オツムテンテン、イナイイナイバー」などあやしている声が聞こえてきます。Uは自発的にYをあやそうとしていたようです。しかし、Yは泣き止まず、Mが戻るとUも半泣きになっていたとのことです。この日、Fは柱にキツツキの玩具を取り付け、垂れ下がった紐を引くとキツツキが柱をつつくようにしてやります。明くる日の夜、U（3: 6.9）とY（0: 8.1）はキツツキの柱の下に座り、Uが紐を引きキツツキを鳴らして見せ、次にYの手に紐を持たせたりしています。Yは、Uがキツツキを鳴らすと、Uの顔を見て嬉しそうに笑い、自分が持たされた紐を引き、上手くならせると「キャッキャッ」と声をあげ喜びUの顔を見ます。二人に共有された遊びの世界が立ち上がっています。

観察35　U（3歳6ヶ月23日）　夕食はほぼ終わりかけです。高椅子のY（0: 8.15）が右手をあげてバンバン食卓をたたき始めます。Yが2～3回たたいたので、右斜めの席のUが真似して右手でバンバンたたきます。すると、Yは嬉しそうにUを見つめ声を立てて笑い始めます。Uもテーブルをたたき笑って応えます。Yはまたバンバンたたき、Uがすぐ真似るのを見て、また声を立てて笑います。YはUが真似したのが分かり嬉しかったようです。Mも参加しテーブルをたたきます。三人はテーブルたたきで大笑いし、みなで喜びます。すると、Yが自分から拍手し始めます。Uはすぐにこれを真似します。YはUを見てまた声を立てて笑います。Mも真似して三人で拍手し、Yは大喜びです。

同様のことが五日後にもみられています。Y（0; 8,20）は何かと嬉しそうにすぐ拍手し始めるので、U（3; 6,28）が真似て「チョチチョチ」と拍手してやったりすると、Yは「キャッ」と喜び声を発して、実に嬉しそうにまた拍手します。Yは、Uが真似たり、Yの方を見つめて「チョチチョチアワワ」などをしてくれるのがすごく嬉しいようです。Yは声を張り上げて大喜びではしゃぎます。Uもこれが嬉しいようです。二人で声をたてて喜びます。

テリトリーに侵入する弟の排除

Yが這えるようになり、またつかまり立ちができるようになってきたため、Uのテリトリーが Yに襲われ始めます。六畳にあるコタツ机の上は、Yが手出しのできない聖域で、そこにレゴのブロックの作品や積木のお城など構成物が作られていたのですが、Yがつかまり立ちして、テーブル上に手を伸ばすようになったのです。Y（0; 8,3）はこの日もコタツ机につかまり立ちし、U（3; 6,11）に「ダメ！」と押し倒され泣いています。Yが這ってUのものに手を伸ばそうとすると、UはYの足を持ち引きずり下げ防衛することもあります。U（3：6,21）が高椅子（ホックポックス）を横にして運転席にして座っていると、Y（0：8,13）がその高椅子の車につかまり立ちします。するとUは「ダメー、さわっちゃダメー」と言い、Yの手を押しのけます。するとYは「エー」と言って傍らのMの顔を見つめ被害を訴えます。Mは四日後、「U（3：6,25）は最近Y（0：8,17）に対して、侵略者という感じをもっているのか、自分の使っている玩具を触りに来ると押したり倒したりすることが多い」と書いていま す。Uは、Yを押したり、押しのけて上に乗ったりすることもあります。その反面、Uは「Y君にもってきてあげたの」と言って本を持ってきたり、優しい所もあります。興味深いのは、Y（0：8,18）がU（3：6,26）のところに這っていき、Uの膝の上に乗ろうとすることもあったことです。YはUの遊んでいるところへすぐに這っていきます。Uがあきらめ別のおもちゃで遊ぼうとしても、Yはまたそこへ行こうとするので、Uは遊べずYを突き倒すことも多く、結局Yが泣くことになってしまいます。そこで、四畳半にあるMの勉強机の上を整理して、六畳に持ってきてその上をUが邪魔されずにおもちゃで遊べる場所にしてやろうということになります。また、コタツ机の下にコタツ机の入っていた段ボール箱を敷いて、机の高さを一五センチ高くし、Yが机の上を触れないようにもしてやります。

父親は邪魔だけど、遊んでくれる存在

ときどき機嫌の悪いときなど、Uは怒りっぽく「ダッコ、ダッコ」とMに対してわめき訴え、叶えられなかったり、何かしでかして叱られるとMをたたき攻撃し、なおも「ダッコ、ダッコ」とMに対してわめき訴えたりすることがあります。Mに泣き止まないと抱っこしないと言われ、ようやく泣き止み抱かれたときなど、理由もなく側にいるFを「おとーさんは嫌いだ」「あっちへいけ」などとことばでも攻撃、さらにたたいたりします。Mに甘えたいときには、Fはとにかく邪魔な存在と感じているようです。

テレビの『宇宙刑事シャイダー』を見た後は、終わるとFはよくUと「シャイダーごっこ」をしてやります。Uから誘うことも多いのですが、一日雨で外遊びができず不機嫌でグズグズしているときなどは、Fの方から「シャイダーごっこ」に誘ってやることもあります。FがU（3：6.26）に対して「シャイダーごっこしよう、お父さんがシャイダーで、Uちゃんが不思議獣ゴネゴネ」と提案します。するとUは「Uちゃんがシャーダー、お父さんが不思議獣」と言うので、Fが「お父さんシャイダーしたいな、何でUちゃんばっかりがシャイダー？」と文句を言うと、Uは「だって、勝ちたいんだもん」と言うので、Fが「お父さんだって勝ちたいよ」と言い返します。するとUは「お父さんがシャリバン（前の宇宙刑事）で、Uちゃんがシャイダー、一緒に嘘っこの怪獣をやっつけよ」と新たな提案をします。自他の役割の葛藤をうまく調整できる力が育ってきています。そこでUとFとで「シャリバン＆シ

ャイダーごっこ」を始めます。『宇宙刑事シャイダー』の絵本を開き台詞などを確認しつつ、目に見えない怪獣を二人でやっつけて遊びます。Uは飛び跳ね、踊りまわり大活躍です。このような遊びを一緒にしてくれる友だちは後にも出現しなかったように思います。それは、絵本に描かれた場面設定を、絵本の台詞を口にするなどして、大人のFが浮かび上がらせつつ、Uと共に演じることで、この劇遊びの現実性が立ち上がっているからです。

2　3歳7ヶ月のU：我を主張し、泣き訴え多く、過去や未来や死を思う

仲間関係でストレス多く

3歳7ヶ月になった頃、Uはタイチ君（2：11）との関係でもストレスが強くなっています。それまでタイチ君は、Uの後について真似をすることが多かったのですが、どうも付き合っているうちにUのことが分かってきたようです。タイチ君がUからおもちゃ奪っても、Uは実力で取り返そうとはしません。また乱暴なことをしても、Uはやり返しません。Uはたたかれても、痛い目に遭っても泣かずにぐっと我慢しています。それに対して、タイチ君は、偶然にしろ相手から痛い目にあうと、ヒステリックに泣き叫び、たたいたり噛みついたりして攻撃します。Uは泣きわめかれるとまったく手が出せなくなります。タイチ君はますますUに対して図々しくなってきています。タイチ君だけでなく、外で出会う他児にもUはいつ

もやられています。Uが安心して遊べるのは、性格が穏やかで、Uと同じくらい口が達者でほぼ同じ年齢のマヤ君（3：7）のみです。タイチ君はUのことばの真似はよくしますが、Uとの間に会話は成立しません。

祖父母宅でのノリ君との遊び：

一二月二九日から一月四日まで、Fの実家である芦屋の祖父母宅へ家族で帰省していました。その間何度か従兄のノリ君（3：11）と遊んでいます。ノリ君もタイチ君と似ているのは、被害にあったときのアピールの力がすごくあることです。ノリ君は相手が偶然にしろ自分にぶつかって痛い思いをすると、すぐに「Uちゃんが〇〇したー！！　エーン！」と実に大げさに演技的に祖母に訴えたりします。祖母が丁寧に応じてやらないと、すねて首をうなだれてふてくされて部屋の隅に行き、「ボクは悲しいの」「さびしいの」とか「Uちゃんが〇〇したよ」と大人に訴えたりと自己表現がすごくオーバーで演技的です。ノリ君は、意図的暴力と非意図的なアクシデントとの区別をまったくしていません。悪意のないアクシデントでも被害は被害として加害者を大声で訴えます。3・4歳児には、この文脈で意図の有無を考慮することは難しいのです。Uは、タイチ君やノリ君からヒステリックな大げさな泣きわめき方を密かに学んでいたようなのですが、なぜかUはそれを同輩相手には向けられません。怒りや暴力を安心してぶつけられるのは大人に対してだけです。弟を攻撃することにも問題はありません。

ノリ君とは走り回ったり、ケンカごっこで遊ぶこともできますが、ノリ君はすぐにUの首の後ろから抱きついたりします。U（3：7,10）がこれを嫌がり「やさしい遊びをしよう」と提案するとそれがノリ君に通じます。そして、二人で空気の入った棒状の風船のようなものを、投げ合って遊んでいます。Uが「こっちからそっちへ飛ばすからね」と言って風船を飛ばしたり、Uが「これとくらべあいっこしよう」と言い、二人でそれぞれの棒の長さを比べ合ったりして楽しく遊んでいます。U（3：7,10）とノリ君（3：11,6）は、互いにことばがよく通じ合います。Uが「これをそっちにおいて」などと自分の意図を伝え、ノリ君もUの意図をうまく理解します。U（3：7,11）とノリ君（3：11,7）は芝生の庭に出て、相撲を少ししたり、前転したり、また二人で雲を見つめて「ウンコみたい」と二人で言ったり、見立てをすぐ共有することもあります。Uが芝生のミミズが掘った穴の黒い土を見て、「前はこんなウンコみたいのなかったよ」と言い、ノリ君もそれに応じています。大人が近くにいるだけで、二人の間には平和な遊びが成り立ちます。

弟を遊び相手に、でも排除も強く

この時期Yは、自分のしたことにUが反応してくれると「カハハハ」と声をあげ喜びます。二人が相互模倣で笑いを共有することもあります。Mがベランダや浴室に行き姿が見えないと、Y（0：9,11）はすぐにU（3：7,19）に抱きつこうとしたり、Uの膝の上に這い上がろうとします。UはYのアタッチメントの対象にもなっているようです。またU（3：7,21）とY

(0; 9,13) とで自発的にギブ・アンド・テイクのゲームをしたりします。Uがお兄さんらしくYに話しかけることもみられます。FやMがU (3; 7,24) の相手をできないと、UはY (0; 9,16) に「じゃあ、Y君来て」と言い自分の遊びに誘うこともあります。Yが、Uの遊び相手になりそうな力をつけてきたといえます。

その反面、Yが侵入者、Uの遊びの妨害者としてもパワーアップしてきたことは否めません。UはYがプラレールに這ってきたり、線路を触ろうとすると、足で押しのけたり、手で押したり、押しつぶそうとしたりします。YがUの遊んでいるモノにすごく関心を示し、移動して触れようとするのですぐにトラブルが生じます。UはYが少し何かしかけるだけですぐYを攻撃します。UがMの膝の上に座ると、YもUを押しのけMの膝に座ろうとします。YにとってもUはライバルとして認識され始めたといえるでしょう。

拒否癖か泣き叫び多く

U (3; 7,2) は、Yが昼寝の間だけとの条件つきで玩具を拡げてやったのに、寝る前にMが片付けようとすると、「このままにしとくの、明日までとっとく」と文句を言い、Mが叱るとギャーと泣きわめきます。Mは「Uは近頃思いどおりにならないとすさまじい声を張り上げて泣きわめく」と書いています。元旦の日、U (3; 7,10) は、ノリ君と小麦粘土で遊んでいた際に、ノリ君の母親が宴会の用意をするため粘土を片付けてしまうや、作品を取っておいてほしかったのに壊されてしまったと、大泣きして、ノリ君の母親をたたいたり足で蹴ったりして、吐きもどすほど泣きわめいています。食事が始まると、Uは御重の中のタマゴがうまくつかめないといっては泣き、またタマゴを二個欲しいといっては泣きます。無理難題をいってはまた泣き、結局Mに抱かれ泣き寝入りしています。この翌朝にも拒否癖が出現しています。

観察36　U（3歳7ヶ月11日）　朝食の前にMがUを洗面に連れて行きますが、Uは嫌がり「Uちゃんはお顔洗うのイヤなの！」などと半泣きで言い、泣きつつ顔を洗います。そして、ようやく朝食の席へつきます。Uはコップに入ったトマトジュースですが、Y（0；9，3）は缶で飲んでいます。Uはそれを見て、「全部欲しいの！」と泣きわめき出します。Mは缶ジュースをUとYで半分に分けて、Uの分はコップに入っていると説明しますが、Uは「缶で欲しい」と訴えます。そこでFがコップのジュースを缶に入れてやります。ところが、Uは「ここにあるの全部欲しかった」と泣きわめき始めます。そして「ダッコ！、ダッコ！」と訴え、Mに抱かれてもなおも泣いています。Uは泣き出すとわけが分からなくなる。「パンが欲しい！」と訴えたり、結局一時間近く泣き、祖母が「Uちゃん病気なの？　どこ痛いの？　どこのお医者さんに行こうか？」などとことば掛けをしていると、かなりたってどうにか治まります。そして、パン一個を与えられるや、また「パン二つ欲しい」と言ったものの、すぐに自分からYのかじりさしの半分程のパンを手にして「これでいいや」と自分でうまく納めます。

拒否癖（ネガティヴィズム）を、ヴィゴツキー（二〇〇二）は「大人がそれを命令したから指示したから、それが理由で、大人の要求や指示には従いたくないと拒否する」ことだと述べていました。その背後にあるのは自分の存在を認めて欲しいというある種の飢餓感です。自分が軽視されているのをひしひしと感じているのです。だから、母親に抱っこしてもらい、祖母に優しく声をかけてもらえれば、飢餓感が癒やされすっと消えてしまいます。惰性で「パン二つ欲しい」と言ってしまったものの、もう心の空しさはなくなっているのに気づき、Uは「これでいいや」とYのかじりさしのパンを手にしています。この激しく泣き叫ぶという対人効果を意識したような表出行動は、おそらくマヤ君（3歳5ヶ月期）やタイチ君やノリ君のヒステリックな大げさな泣きわめき方から学んだUの新兵器なのです。

Uが周りの状況を判断して、そのような表出行動を用いていたことは、その後の様子からも推察されます。その翌日一月三日は、Y（0;9,4）が病気で熱を出しました。U（3;7,12）はそれが分かっているようで、ブロックやミニカーで実によくひとり遊びをし、ダダコネで泣いたりまったくせず、「とてもおりこう」と記録されています。一月四日はYの熱は下がったものの、今度はMが風邪をひき熱を出しています。この日、芦屋から京都の自宅までタクシーで移動しました。Fは「昨日はYが病気、今日はMが病気。Uはこのことが分かるのか、ダダをこねたりせず、すごくおとなしくひとり遊びをしたりしてくれるので助かる」と日誌に書いています。その後の3歳7ヶ月の間、Uが「ダッコ、ダッコ」とMに甘えたり、Fにも甘えることはありますが、拒否癖は出現していません。

Uの思考の広がり、過去や未来や死を思う

思考や空想の広がり（ルールの発明など）： Uが3歳1ヶ月13日に、「引っ張り相撲」の勝ち負けについて二つのルールを理解できたことはすでに述べました。それから、約半年後の一月九日、U（3：7.18）は紐の両端をそれぞれが持ち、引っ張り合うのではなく、先に紐をつかんでいる手を上にあげた方が勝ちというまったく新しいゲーム（※実は勝ち負けを争うのが難しいゲームです）を発明し、架空の景品を賭けて、Fと勝ち負けを競うという遊びを提案しています。架空の景品というのは、そこに素晴らしい玩具があるというふりをして、それを手に入れると喜ぶふりをするという遊びです。新しいルールの提案は、一一日後にもなされています。宇治川の川縁で石投げをした際に、Fが遠くに投げているのを見て、U（3：7.29）は「遠くへ投げた人が負け、近くに投げた人が勝ち、どっちが一番近くかなってしよう」と新しいルールを提案しています。Uは勝ち負けがルールに依存することを充分に理解しています。「宇宙刑事シャイダー」ごっこもUの好きな遊びですが、Fも「シャイダー役」

をやりたいと主張することが多く、要求がぶつかり合います。そこで、U（3: 7,25）が発明したのが「ブラックファイダー」という新しいヒーローです。シャイダーより少し強いそうです。Fが「シャイダー」になるなら、自分は「ブラックファイダー」になるわけです。この時期、Uは寝床でも「想像の翼」を伸ばし、空想を楽しむようになっています（※第4期のUの最後にまとめて紹介します）。

過去や未来や死を思う：　空想する力が出てきたためか、Uはいろいろなことを考えるようにもなっています。U（3: 7,5）は、夕食中Y（0: 8,27）の食べる様子を見て、「Y君すごくこぼしはる」と言うので、Mが「Uちゃんも Y君ぐらいの時、よくこぼしたんだよ」と言うと、「Uちゃんが Y君ぐらいの時、Y君どこにいたの？」と尋ねています。Mが「どこにもいなかったんだよ、まだお母さんのお腹の中にもいなかったしね、まだ卵もなかったんだよ」と説明すると、Uは「遠いとこにいたの？」と尋ね、Mが「遠いとこにいたのかな？」と応じると、「夢の中だよ」と答えています。このように過去を尋ねたかと思えば、また、別の夕食の時には、U（3: 7,20）は「お母さんはいつおばーちゃんみたいになるの？」と未来のことを尋ねたりもします。その翌日、寝転がりFとU（3: 7,21）とが対話しているとき、Fが「Uちゃんがお母さんと同じぐらいになったら、お父さんどうなるの？」と尋ねると、Uは「芦屋のおばあちゃんと一緒ぐらいになる」と答えます。そこでFが「Uちゃんが芦屋のおばあちゃんぐらいになったら、お父さんどうなるの？」と尋ねると、Uは「死んじゃうかな」とあっさり言います。その四日後、夕食後、そのような話題をしていたわけではないのに、U（3：7.25）は「Uちゃん大人になるって嫌いだなー」と急に言います。Mが「どうして？」と尋ねると、Uは「死んじゃうことになっちゃうから」と答えます。そこでFは「お父さんも、お母さんも大人だけど、まだ死なないよ」と安心させます。Uが自分の死について語ったのはこれが初めてではありません。この五ヶ月ほど前、まだ熱が少しあるので園を休ませたとき、U（3：2.30）は寝床で「Uちゃん、まだ死にたくないな」と言い、「地獄っていうのは夢なんだよ」といろいろMに語っています。また、風呂上がりにMに寝かしつけてもらっているとき、U（3：3.24）は「Uちゃんもおじいちゃんになったら、死んじゃうの？　死ぬのいやだな」と言ったりもしています。弟の出現が、自分と母親との「エロス的な関係」（小浜、一九八七）にくさびを打ち込み、「エロス的関係からの疎外」＝「死」を考えさせるようになったのではないかと思われます。

3　3歳8ヶ月のU：自分の権利を防衛しようと叫び、悪を自覚する

仲間の世界へ

この時期、Uはいろいろな子どもともよく遊べ、親から離れ子どもの世界で遊んでいけそうな力を示しています。一月二三日、U（3：8.1）は家の近くでカナちゃん（一学年上）やタ

イチ君（3: 0）と遊んだり、その後、Uは幼稚園に行っている知らない男の子と一緒に遊んだりしています。Mが離れて見ていると、Uがイニシアティブをとって「ブランコしよう」などと誘い、二人でブランコへ行ったと言います（夕食の時、Uは「Uちゃん、もう一人でブランコこげるようになったんだよ」とFに語ったりもしました）。また、団地内の大公園で、小学生の子どもとその弟など四人と一緒に遊んだりもしたそうです。Mは、「UがMから離れて一人で子どもたちの世界に入っていけるように感じた。なんだか、もうMから離れていったようで、少し寂しく感じた」とこの日の感想を述べています。一月二六日にも、Mは「近頃すごくしっかりしてきた。外で、幼稚園ぐらいの子どもでもいてたら、よく知らない子どもとも、一緒に遊べる。子ども同士で遊べるようになった」と述べています。二月一〇日の午後、MはYを抱き、U（3: 8,19）はアップリカの車を地面を足で蹴り、ガーガーと音をたてて走らせ大公園へ行き、久しぶりにマヤ君（3: 8）に会い、追いかけごっこで遊んでいます。マヤ君が逃げ役で、Uが追いかけ役です。この日の夕方にも、同じ公園でマヤ君と砂場でケーキ作りをしたり、追いかけごっこをしてとても楽しそうに遊んでいます。二月一三日には、従兄のノリ君（4: 0,18）が遊びに来てくれて、団地の集会場の方に抜ける道を二人で探検したり、U（3: 8,22）が風で揺れる木を「風怪獣」に見立てて、玩具のテニスラケットでたたいて攻撃する遊びを、ノリ君も受け入れてこの空想を共有して二人で楽しく遊んでいます。家の中でも、ママゴトや、お医者さんごっこなどで二人だけでよく遊んでいます。Mの話によると、

Uの嘘っこの見立てに合わせてそれを共有して遊べるのは、ノリ君だけだということです。ことばの発達のしっかりしてるマヤ君にもそれは難しいとのことです。

弟は邪魔、弟の死を思う

Uは最近一人でドアを開けて外に出られるようになったので、Uが出て行くと、Y（0:10,9）も大変騒いで外に這い出そうとします。夕方Mが台所支度をし始めるとき、U（3:8,18）がママゴトの台所道具を出してもらい、ガチャガチャ忙しそうに料理を作っている隣で、Y（0:10,10）もUの真似をして小さいフライパンやスプーンをかき混ぜたりして遊びます。Yがこのような力をつけてきて、何かとUの後を追ったり真似たりしようとするので、UはYが邪魔だと常々思っているようです。何かとYに対する攻撃的な態度が顔を出します。夕食後、Y（0:9,25）がU（3:8,2）の椅子につかまり立ちをしているとき、UはYが邪魔なので、Yの髪の毛を引っ張ります。Yはムズかり泣きかけ、つかまり立ちをやめます。Fがこれを見て「U君、髪の毛引っ張ったらダメだよ」と注意すると、Uは「だって、Y君はお母さんの髪の毛こうやって引っ張るよ」と言ったり、Uの髪の毛を引っ張ることもあるから「お返し、お返しだよ」と自己正当化します。別の日の夕食後、U（3:8,16）よりY（0:10,8）の方が一人遊びします。Uは例によって、すぐに「だっこ」をせがんだり、「お父さん、ちょっとはUちゃんと遊んでよ」とまとわりついてきます。コタツ机の上で、FとUとで文字積み木で塔を作ったりしていると、Yが興味をもち壊しに来ます。すると、Uは「Y君、ダメ！」と叫び、二・三度目になると「ダメー、キィー」と金切り声をはり上げて、Yを押し倒そうとします。その二日後も、U（3：8,18）はY（0：10,10）をすぐに邪魔者扱いし、YがUのおもちゃを触ると「Y君、ダメー！」と、すごい声を張り上げてYを押し倒したりします。UがMにしがみついているときに、Yが来るとUはすぐに手で押し倒そうとします。

観察37　U（3歳8ヶ月12日）　日曜日の午前中です。Uはパズルボックスの小さな積み木を手にして持って遊びつつ、二メートル先のFを見つめて「このぐらいの赤ちゃんが生まれたことあるんだって」と言います。Fが「へえー」と応じると、Uは「だけど死んじゃったんだって」と言います。Fが「へえ、死んじゃったん」とよく分からないまま返事すると、Uは「簡単だって、だけど、同じ顔の赤ちゃんが生まれたんだって、だから良かったでしょー」と言います。その後、Fはこのような話は初めて耳にするので、Mにこの話を伝え、似た台詞がなかったか尋ねます。すると、Mは二〜三日前に、UがMに「お母さん、Y君が死んじゃったらどうする？」と言うので、「そりゃあ、悲しいよ」と答えると、Uが「だけど、Y君と同じ顔の赤ちゃんがまた生まれたらば？」とMに尋ねたことがあったと言います。

この一ヶ月後、3歳9ヶ月の時にもUは同じようなことをまた口にしています。神経心理学者のアレクサンドル・ルリア（Luria, A. R.）の弟子である脳科学者のゴールドバーグ（二〇〇六）は、「もしAならば、Bである」という関係を把握できる力は、ヒトに特有なもので、道徳的な概念を発達させる決め手となるものだと指摘したうえで、さらに道徳的な推論の土台として重要な能力があと二つあると述べています。一つは、実際とは別の行動を選択した結果、「XではなくYをしていたら、いったいどうなっただろう？」と考える力です。それを反事実的推論と名づけています。もう一つは、判断の分かれ道で間違った方向に進んだ場合に、後悔できる力です。観察37のUの仮想的推論は、反事実的推論や後悔できる力を示したものではありません。そのことは、Uの思考では、「自分自身の行為」や「過去の選択」がテーマにされていないことから分かります。しかし、「過去」ではなく「未来」や「もう一つの現実」に関しては、「もしAならば、Bは？」という仮想的な世界に思考が拡がり始めています。

目覚める権利意識と大きくなる自己抑制

この時期Uは思考の幅が拡がり、いろいろな屁理屈をこねるようになると同時に、盛んに「どうして？」「どうして？」と尋ねるようになり、また、自己抑制する力も大きくなっています。

増加する屁理屈： 一月二八日、MがYを寝かしつけようとしているとき、U（3；8,6）がママゴトの入ったビニール袋を引っ張り出してきているので、「Y君寝かすからうるさくしないで」と注意します。それにもかかわらず、Uは袋を逆さにして大きな音でブリキの食器類を出し始めます。Mが「今うるさくしないでって、言ったとこでしょ！」と叱るや、Uは「だって、Uちゃんがやろうとしたときに言うんだもん、そんなのおかしいよ！」と文句を言います。この種の屁理屈をこねることがとても多くなっています。たとえば、Fが夕食の際に日本酒を飲み始めるのを見るや、U（3：8,18）は「おとーさん何飲んでんの？」と尋ねるので、Fが「お酒だよ」と答えると、Uは「じゃー、Uちゃんは何飲めばいいの？　Uちゃんは何にも飲むものないじゃんかー」と怒った口調で文句を言っています。Mが「お水飲む？」と聞くと、Uは「うん」と言い水で満足するので可愛いのですが、ある種の平等観あるいは権利意識のようなようなものが芽生えてきているようなのです。

「どうして？」質問の多発：　いろいろ理屈をこねるようになったのも、この時期のUの思考の幅が拡がってきていることが関連しているように思います。U（3：8,10）は、仕事から帰宅したFに、「お父さんのお仕事するところはトイレあるの？」と尋ねています。見えないところにある他者の世界について気遣いができるようになりつつあるのです。U（3：8,12）は、朝食の時突然に「お父さんが赤ちゃんの時汽車走ってた？」と尋ねています。Fが「走ってたよ」と言うと、Uは「どうして？」と尋ねています。この時期、Uは「どうして？」「どうして？」とさかんに尋ねるようにもなっています。FとU（3：8,12）とが散歩した際、店のシャッターが降りていると、Uは「ここどうしてこうなってるの?」「どうしてお店屋さんお休みなの?」と尋ね、駅に時計があるのを見つけると、「どうしてここに時計があるの?」と尋ね、遮断機が黄色と黒の縞模様であるのに気づくと、「どうしていろんな色がないの?」と尋ね、遮断機の一部に赤い部分があるのを見つけると、「どうして赤いところもあるの?」と尋ね、シルバーシートが空いているのにFが座らないと「どうして座らないの?」と尋ねたりします。MとU(3: 8,18)が買い物に行った際には、道路と車道の段差がなくなっているところを見つけるや、「どうしてここだけこうなってるの?」と尋ね、Mが「信号がないから」などと口にすると、「どうしてここには信号ないの?」と尋ね、Mが「あんまり車が通らないからよ」と答えると、「でも車とおってるじゃんか」と言ったりします。

自己抑制(未来の利益のために今を我慢): 理屈をこねるようになることは、両刃の剣です。相手を理屈で責めるのと同様に、自分を他者の理屈で責めることにもつながります。理屈で納得すると、自己を抑制することになりかねないからです。MがY(0: 10,9)を寝かしていると、U(3: 8,17)は一生懸命静かにしていようと努力していたりします。Uの抑制系が発達していたことは、午前中テレビを見るのを一五分我慢して、夜一五分多く見たいと主張していることからも分かります。家のルールとしてテレビは午前中三〇分、夕食後三〇分に決めていました。U(3: 8,17)は、夜、『宇宙刑事シャイダー』全部(三〇分)と『ドラえもん』

半分（一五分）見たいから、朝は一つ（一五分）で我慢すると言い出しています。そして「朝全然見なかったら、ドラえもんもっと見れる？」と尋ね、Mが「でも、続けて見たら（目が）疲れるから」と答えると、Uは「じゃあ、ドラえもん全部と、シャイダー半分なら、いいってこと？」と尋ねています。抑制系の実験としてよく知られるマシュマロ・テスト（ミシェル、二〇一五）がありますが、Uは自分から、目の前のマシュマロ（テレビ視聴）を我慢して、約一〇時間後のマシュマロ（テレビ視聴）を手に入れる算段をするようになっているのです。

悪を自覚、悪の喜び

ＦもＭも理屈で納得させＵの行動をコントロールしようとする傾向が、いささか強すぎたかもしれません。その傾向は、初めての子どもであり親が丁寧に一対一で育てる時間が圧倒的に多かった長男Ｕの場合に、とりわけ顕著だったように思います。「3歳の危機」とは、子どもが親の引力圏内から脱出しようとする最初の反発であり、それは同時に、また子どもが親の庇護圏内から追放されることに対する最初の抗議なのではないでしょうか。そこにはアンビバレンツな感情がつねに伴われているように思われます。自己抑制が強くなると、当然自己の内部から自己抑制を打ち破ろうとする心もむくむくと大きくなってきます。

思ったとおりにしたいんだ： Ｆが仕事から帰宅すると、Ｕ（3：8.30）がさかんにＦやＭに「抱っこ！　抱っこ！」とうるさく繰り返してきます。実にうるさいので、Ｆが「なんで

Uちゃん、そんなに〝抱っこ！　抱っこ！〟ばかり言うの？」と尋ねると、Uは「寂しいからだよ」と答えます。これもある種の自己正当化といえるでしょう。

✎観察38　U（3歳8ヶ月30日）　夕食後、Uは何かとギャーッとすさまじい声をあげて泣き叫びます。自分の思ったとおりに何か作れずに壊れてしまったときや、つまずいて転んだときや、YがUのものを触り壊したときなど、Uは「ギャーッ！」とすさまじい声を張り上げるのです。Fと一緒に入浴しようとしたとき脱衣場で、Uは室内洗濯物干しを足に引っかけ、少し足を痛くしただけなのに、「ギャーッ！」とすごく泣き叫びます。Fが湯船の中で「Uちゃん、なんでそんなにギャーッ！ってすぐ泣くの？」と尋ねると、Uは「Uちゃんはね、思ったとおりにしたいんだよ」と答えます。

Uは友だちのタイチ君、マヤ君、ノリ君などがいずれもギャーッとすさまじい声を張り上げ泣くのを武器にしているのを、自分が模倣的に学習していることを自覚しているようです。Uは自分の「ギャー！」が有効な武器であると実感しています。

悪である楽しさ：　一月二五日、『宇宙刑事シャイダー』を見て、いつものようにその後U（3：8.3）とFで「シャイダー」ごっこをします。初めは、Uが「シャイダー」役、Fが悪役の「不思議獣」で戦いごっこをしていますが、途中でUは「Uちゃんも不思議獣」と言い二人で怪獣役になって、正義の味方「シャイダー」をやっつける遊びになります。Fが「こんな悪い奴、やっつけろー」と言ってシャイダーをやっつけると、Uが「シャイダーっていい人だよ」と言うので、Fが「だって怪獣やっつけるだろう、お父さんは不思議獣だから」と言い、『宇宙刑事シャイダー』の（絵本の）絵をたたいて攻撃していると、UもFに合わせてシャイダーを攻撃し始めます。Uは、自分が「不思議獣」の立場だと、不思議獣は「いいもん」で、シャイダーが「悪い人」であることを理解できます。二月七日にも、FとU（3; 8.16）とで戦いごっこでレスリングです。はじめは、Fが（悪役の）「ヘスラー指揮官」で、Uは「宇宙刑事シャリバン」や「シャイダー」や「ウルトラマン」でしたが、途中からUも悪役になります。Fが（悪役の）「神官ポー」になり、Uが「ヘスラー指揮官」です。二人とも悪役になって、見えない「シャリバン」「シャイダー」「ウルトラマン」「宇宙刑事アニー」「ダイナマン」「レンズマン」など、正義の味方ばかりを片っ端からやっつけて遊びます。Uは、Fと二人で悪者になって正義をやっつける遊びをすごく気に入ります。そして「いじめるって楽しいね」と言ったりもします。「良い子」であるより、「悪い子」である方が羽を伸ばせる自由が広がるのです。

2 第3期（弟・Y）：兄とのケンカ、悪くても反省せず

［弟（3；6）～（3；8）兄（6；4,8）～（6；7,7）］

第2期に、Yは兄の友だちに混じって遊ぶことや、同い年の仲間と遊ぶことが自由にできるようになっています。また、自分の力が増してきたことを自覚し始め、口も達者になり他罰傾向が明瞭になり、時には親や兄に対しても生意気な口をきいたりしています。第3期になっても、この傾向は続きます。兄との関係は、前よりは少し対等に近くなっていきます。また、兄の友人たちを、Yが自分の友人でもあるかのように振る舞うことも増えていきます。兄や仲間関係との交流の中で、自分の地位が上昇してきているのを感じているようです。自己防衛の他罰傾向は、抗弁する力が伸びてくる分、いっそう強くなり反抗心もますます強くなっています。

1 3歳6ケ月のY：未来を尋ね、指示聞かず「だって」で自己主張

兄とその仲間の遊びが魅力的

兄のUは幼稚園の年長組です。Uの友だちは、イチ君（年長）、アミ君（小一）といった常連を始め、カズ君（年長）、ミヤ君（年長）といった同じ団地の仲間ともよく遊び、この時期

の遊びはとても充実していました。Uより一学年下のタケ君も実によく家に遊びに来ています。タケ君の位置は少し微妙です。Yとは一学年の違いですが、誕生日の関係で2歳近くの年齢差があります。一〇月二日、家にタケ君（5: 5）が遊びにきますが、Uとイチ君は外遊びに出ており不在です。そこで家の中でY（3: 6,2）とタケ君が一緒に遊ぶのですが、もう一つ盛り上がりません。タケ君は「Uちゃんとイチ君いないとつまんないなー、なんか面白いこと考えつかへんしー」と言っています。おそらくYもまったく同じ気持ちだったと言ってよいでしょう。Yにすれば重要なことは、とにかくUについて行き末端であれその仲間に入ることなのです。一〇月四日、Uがイチ君に電話して「遊べるか」と尋ね、遊べるとのことでUがイチ君の家にいくことになります。するとY（3: 6,4）は「Y君も行っていい？」と尋ね、Uが「いいよ」と言い、二人で出かけていきます。Yは、Uやイチ君の仲間になれるのがとても嬉しそうです。

一〇月八日、アミ君とタケ君が遊びにきます。アミ君は家からカマキリをもってきて、U（6: 4,16）と二人でダイヤブロックジュニアで迷路を作って、その迷路にカマキリを走らせて遊びます。二人は「こいつ出てきよった！」などカマキリの振る舞いを論評したり笑ったりして遊びます。Y（3: 6,8）はこの会話ペースには参加できないのか、周りをウロウロして見学しています。同じくカマキリ遊びに参加できていないタケ君は、家から持ってきた『スーパーマリオめいろえほん』を一人で見ています。その後、あぶれているYとタケ君で、ダイヤブロックジュニアでスーパーマリオの迷路を作って遊び始めます。
一〇月一一日午後には、Mが「Yも入れてやって」と促したこともあり、Yも参加させてもらってU（6: 4,19）とイチ君（5: 8）とY（3: 6,11）の三人で、玩具のゴルフクラブを一本ずつボールも一個ずつ持って、外でゴルフ遊びをしています。三人で遊んでいると、YもUとイチ君の仲間という感じがします。四〇分ほどすると三人はイチ君の同級生のミヤ君（年長）と一緒に家に戻ってきます。ミヤ君が遊びに来たのは初めてです。四人はビックリマンシールの「天使」や「お守り」や「悪魔」などになったふりで「ビックリマンごっこ」をしたり、ビックリマンシールのキャラクターについていろいろしゃべったりして実に楽しそうに遊びます。このあたりから、「ビックリマンシール」が子どもたちの話題の中心になり、シールを見せ合ったり交換したりなどの「活動的でない」ちまちました遊びがだんだんUとYとその友だちの世界に浸透していくことになります。いろいろな子どもたちが家を出入りしていたことを示すため、一〇月一五日の午後の様子を簡単に紹介しておくことにします。

✎観察39　Y（3歳6ヶ月15日）　午後一時二〇分から二時まで、U（6: 4,23）とYとイチ君（5: 9）の三人は団地内の木の公園で遊びます。その後イチ君はスイミングへ行くので、UとYは家に戻ってきます。丁度タケ君が来たので、UとYとタケ君（5: 6）の三人はタケ君の家に遊びに行きます。二時二〇分、Uの同級生のカズ君（5: 9）と弟ミツ君（4: 4）が遊びにきます。タケ君宅にUを呼びに行き、UとYとタケ君は家に戻り、カズ君とミツ君の五人で遊びます。すると、カズ君の母親から同級生のサク君が遊びに来たとの連絡が入ります。そこで、Uとカズ君とミツ君の三人はカズ君宅へ向かいます。Yとタケ君はそのまま家に残って二人で遊んでいると、そこへ三時過ぎにアミ君（小一）が遊びにきます。四時二〇分過ぎに、Uがミヤ君（年長）を連れて家に戻ってきます。Y、タケ君、アミ君、U、ミヤ君の五人で遊んでいると、スイミングから戻ってきたイチ君が遊びにきて、子どもは六人になります。そして、家の中で「毒虫ごっこ」なる遊びを始めます。「毒虫の仲間」と「逃げる人間」がいて、ワァーワァーキャーキャーと言って、走り回り追いかけあって実に楽しそうに遊びます。五時半タケ君が帰り、五時五〇分ミヤ君が帰り、六時にアミ君とイチ君が帰宅します。

この「毒虫ごっこ」のように家の中で走り回る遊びは、子どもたちは大好きなのですが、団地の三階では階下にも響くので大変です。「暴れるなら外で遊び！」とFもMも子どもたちを家の外へ追い出すこともしばしばあります。また、天気のよい日など「外で遊んでおいで！」と言うことも多いのですが、一般にUやタケ君は家の中で遊ぶことを好む傾向があります。Uたちが外に出ても、Yが外に出ないのは、Uたちの遊びが自分の参加できない「虫取り」や「探険僕の町」（※団地の中を自転車で探索する遊び）の時です。一〇月七日には、おやつを食べた後、Uとイチ君とアミ君の三人はすぐに虫取りに外へでましたが、Yとタケ君の二人は残り家の中で遊んでいます。一〇月一〇日には、Mが「天気がいいから外で遊んどいで」と言い、Uとイチ君が外へ出ようとするとき、Yは「Uちゃん、『探険僕の町』じゃない？」と尋ねています。Yがこのように自分からUに尋ねるようになったのは、ここ二～三週間のことです。それ以前にも、Uとイチ君が外へ行くとき、Fが「Y君もお外行っておいで」と言うと、Yが「だって、『探険僕の町』だもん」と言うことはときどきありました。

この時期、YはUの友だちに混ざってかなり遊べるようになってきています。Yの立場からすると、イチ君は兄の友だちであるだけではなく、自分の友だちだと感じていたように思います。とりわけ、「ビックリマン」シールや「ドキドキ学園」シールについての品評会や交換会になると、Yも自分を一人前のメンバーと感じているようです。良いシールを持っているとそれだけで交渉の中心になれるからです。時には、Uが不在の時でもアミ君（小二）とタケ君が遊びに来てYと三人で家の中で遊ぶこともあります。Uが同級生と外遊びするときなど、タケ君とYははみ出し組として取り残されることがしばしばあり、Yは約2歳年長のタケ君のことを自分の友だちと感じているようです。

同輩の友だち： Yが背伸びをしないで一番くつろいで遊べる相手は観察34でも紹介したほぼ同年齢の女の子ミクちゃんです。Mが生協組合の班会議で集まったとき、Y（3：6,6）はミクちゃん（3：6）に出会い、他の子もいたようですが二人でもっぱら遊んでいます。一〇月一七日には、ミクちゃん（3：6）と姉のシホちゃん（年中）の二人が遊びに来て、Y（3：

6.17）とミクちゃんはすぐに楽しそうに遊び始めています。ミクちゃんが「Y君、〇〇〇って言って」とリクエストして、Yがそれに応え「〇〇〇」と言うといった遊びです。たまに、姉のシホちゃんも加わり、シホちゃんがお化け役なのか「お化けごっこ」で、Yとミクちゃんがキャーキャー言って逃げ回ったりします。シホちゃんは、一人で折紙をすることもあります。U（6：4.25）も一人で折紙をしていますが、決して一緒には遊びません。Uは異性か同性か仲間かそうではないかを意識し区別する傾向が強くあります。Yは日頃から自分より上の子どもたちと遊んでいることもあり、同年齢の子どもとたまたま団地内の公園であったときなども、割とスムーズに楽しく遊べています。3歳代のUと違って、Yは仲間関係にはあまりストレスは感じていなかったように思われます。

兄と楽しく遊べる

一〇月五日、U（6：4.13）とY（3：6.5）は実に仲良く遊びます。近頃は、UもYと遊ぶのが楽しく、YもUに遊んでもらうのが楽しくて、二人でレスリング的にじゃれ合ったりもよくしています。一〇月一四日、U（6：4.22）とY（3：6.14）はキャーキャーすごく声を張り上げ、レスリング的なとっ組みあいで遊んでいます。二人は「浣腸！」と言って尻を触り合ったり、相手に毛布をかぶせて「お化け！」と言ったり、絡み合ったりで大騒ぎで遊んでいます。Yは居間のコンクリートの床に頭をぶつけてゴッツンゴンゴンと音を立てたり、二人は、「キャー！　キャー！」と声もものすごく声を張り上げ、見ていられなく感じるほどです。しかし、その半面、UとYとがこんなレスリング的絡み合いで組んずほぐれつ（ラフ・アンド・タンブル）で遊べるようになったのかと感心してしまいます。また、朝寝床で目を覚ましてからも、FとMがまだ眠くて布団の中なのに、二人は布団の上で「ビックリマン」シールを互いに見せ合って、いろいろしゃべり実にうるさくします。互いのシールを見せ合って、シール交換の交渉のようなことを延々と続けます。毎朝のようにUとYとは実ににぎやかにしゃべります。二人ともすごく大きな声で、呼吸が合い、よくしゃべり一緒に遊びます。Fが調子が悪く「静かにして！」と何度注意しても、実ににぎやかで、ついにFが「そんなにうるさくするなら、ビックリマン捨てちゃうぞ！」と言い、「ビックリマン」シール帳を手にするや、Yは「ギャー！」とすさまじい声で泣き出したりします。Fもこのような脅しはなるべくするまいとは思っているのですが、二人が「ビックリマン」でハイになっていると少々注意しても二人は聞きません。

自分の非を認めるのはイヤ、指示されるのもイヤ

この頃もうすぐ生後六ヶ月になるフミ君が母親と一緒にときどき遊びに来ていました。Yはフミ君が寝返りするのを真似たりもします。一〇月二日、なんとYは少し嫌なことがあるとわざとらしいしかめ面で、大げさに「ウェーンウェーン」と泣きムズ声を出したりします。

Mによるとこれはフミ君の真似だということです。3歳6ヶ月の子が、六ヶ月児がそのようなムズ声を出し、母親にあやされているのを見て、それを早速取り入れようとしているのです。有効そうであれば赤ん坊の用いている方略ですら取り入れようとするとは、驚きです。この時期によくみられたのは、すぐに泣き甘えたムズ声で「○○してーって言ってるのにー！　だって、だって……○○なのにー！」などと訴える、私たちが「だってだって病」と名づけた反抗です。

観察40　Y（3歳6ヶ月4日）　夕食を終えかけてYが「ビックリマン」シール帳を触ろうとするので、Fが取り上げて「ごちそうさましてから」と言いますが、Yは怒って「ダメー」と言うのみで「ごちそうさま」は言いません。Mも「ごちそうさましなさい」と言いますが、Yは「イヤー」と泣きわめきます。そこで、Fは食器棚の上にビックリマンシール帳を載せます。Yはますますギャーギャーと泣き叫びます。Mが「だっこしたげる」と言っても、Yは「イヤー」と叫びます。Uは「そんならUちゃんがだっこ」とMにだっこしてもらいます。Yは「イヤー」と泣き叫びます。そのうち、泣きつつMに近づいてきます。Mが「どうしてごちそうさま言えないの」と言うと、Yは泣きじゃくりつつ「だって、お母さんがやさしく言ってくれないんだもの」と言うので、Mがやさしく「じゃあ、ごちそうさまって言ってごらん」と言うと、Yは「ごちそうさま」と素直に言います。

強く指示されたと感じるとまず「イヤ」と反発したくなるのです。Yが叱られるとすぐに「だってー!」とわけの分からない理屈を言うことがよくあります。そこで、Mが「『だって』言ったらダメ、まず『ゴメンナサイ』と『ハーイ』って言うの」と言い聞かせるのですが、するとYはまたも「だって」と口にして、自分から「あっ、『だって』って言ちゃった」など言います。話しているうちに、Mが「だって」と言うと、Yは「あっ、おかーさん、今だって言った」と指摘します。Mが「だって、お母さん怒られてないもん、悪いことしてないのに」と言うと、Yは「こらー!」と怒ります。これでMも怒られて「だって」と言ったことになるから、自分と同罪だと言いたいようです。原因(怒られる)と結果(だってと言う)が逆さになっても、気にならないようです。3歳児のロジックです。次の例は、Yの激しい「だってだって病」です。

✎観察41　Y(3歳6ヶ月18日)　この日の夕方、Yがビックリマンチョコを開けたところ、入っていたシールはすでにもっているものと同じでした。かわいそうに思ったU(6;4,26)がそのシールを、Uの持っている別のシールと交換してあげると言うのですが、YはUの提案すべてに文句を言い、ついにはYの一枚とUのシール「ぜーんぶ」と交換じゃないとダメだと理不尽な主張をして、その理不尽さを指摘されると「ギャー!　ギャー!」と泣きわめき始めます。Mが「そんな声を出すのはやめなさい」と叱ると、Yは「〇〇してーって言ってるのにー！　だって、だって……○○なのにー！」とさらにわめきます。Mが「その声やめなさい！」ときつく注意すると、Yは「なんで」、「どうしてやめるの？」と言い返します。Mが「うるさいから」と言うと、Yは「どうしてうるさかったらダメなのー！」と泣きわめきつつ言うので、またMが「泣くのやめなさい！」と叱ります。Yは「どうして泣いたらダメなのー！」と泣きつつ言い返します。Yはこのように何でも「なんで」「どうして○○ダメなのー！」などと言い、決して指示に従おうとはせず泣きわめき続けるので、Fが「そんなにイヤなら」と抱きかかえて、和室に閉じ込めようとしかけると、Yはますます激しく「ぎゃーー！！　ぎゃーー！！」とすさまじく暴れ、泣きわめきMの所へ逃げます。Mが「そんな声で泣くのをやめなさい！」と叱りますが、Yは泣き止みません。そこで、MがYを抱き上げて、玄関の外へ放り出しかけると、Yはようやく泣き止みます。

これは、「拒否の情動」と「それを正当化できるという思い」とが、悪しき相乗効果を生み出していく一例です。後者は「どうして」「なんで」といったことばを手に入れたことによって初めて可能になったのです（先に3歳8ヶ月のUもそれを示すのを紹介しました）。自分の情動を抗弁するほど、ますます情動が高ぶり、本人にもコントロール不可能になっていきます。理由はよく分からないままに、自尊心が傷つけられているという被害意識が、半ば言語化できるがゆえにかえって火を注がれ、収集のつかないパニックになっているように思われます。

過去や自分の未来を考える

過去のことを考えられるようになることは、同時に未来についても考えられるようになることを意味しているようです。

観察42　Y（3歳6ヶ月1日）　四人が朝食の食卓についているとき、Yが急に「昔のお母さんはどんな顔?」と尋ねます。Mが「お母さんのいつ頃? Y君やUちゃんが生まれてなかった頃?」と聞くと、Yは「生まれてた頃」と言います。Mは「生まれてからは、そんな昔とちがうでー」と言っていると、一呼吸間を置いて、Yは今度は「Y君大きくなったらどんな顔になるかなー?」と言います。Fが「お父さんみたいな顔になるよ」と言いますが、Mはコメントしません。Yは再びMに向かって「Y君大きくなったらどんな顔になるかなー?」と尋ねます。Mが「お父さんみたいな顔になるよ」と答えます。Fが「大人になったらお父さんみたいな顔になるのいや?」と聞くと、Yは「大人じゃないもん、まだ大人じゃないもん」と応えます。Fは少しはぐらかされた感じもします（※この時は気づかなかったのですが、Yは兄のような顔になるかなと考えていたようです。後にY（3; 7,6）は「もうすぐさ、Y君さ、Uちゃんの顔みたいになるんちゃう?」と語っています）。

一〇月一九日、夕食中にFやMやUが、Uが来年小学校に行く話をしていると、Y（3;

6,19）が「僕こんだけになったら（右手親指のみ折り曲げたパー、すなわち四）学校に行く」と言います。Mが「幼稚園やろ」、F「幼稚園に行くんやろ」と言うと、Yは四本指で「僕こんだけになったら幼稚園に行く」と改めて言います。その四日後、Uがビックリマンシールを見つつクレパスで登場人物の絵を描いているのを見て、Y（3：6,23）は「おかーさん、Y君も幼稚園行ったらあんなに上手に描けるよーになるう？」と尋ねます。Yは自分の未来のことをいろいろ考えられるようになってきています。とはいえ、まだ「きのう」と言うべきところを「あした」と言うなどの間違いはしています。

2　3歳7ヶ月のY：仲間とのシール交流で自分の力を感じる

ビックリマンシールが媒介する仲間関係

二年年上のタケ君とけっこう遊べるようになってきています。Y（3：7,3）とタケ君とでヌイグルミを放り投げてぶつけ合ったり、たたいたり、蹴ったりで、追いかけ合って「キャーキャー」大騒ぎで遊び、Fに「家の中では暴れないで、静かに」と何度も注意されたりしています。タケ君の家では家の方針でビックリマンチョコを購入してもらえません。子どもたちの交流がビックリマンシールなどが媒介になることが多くなってきたので、Mは家に遊びに来ているタケ君にも偽物のビックリマンシールなどをときどき与えたりしています。しかし、そのようなシールではUやその仲間たちのシールコミュニケーションの中には入っていけません。ビックリマンチョコの新しいシールが話題の中心だからです。一一月二日、Y(3: 7.3)は自分の本物のビックリマンシールとタケ君の持っている偽物のビックリマンシールとを交換しています。また、エスキモーシール一枚をタケ君にプレゼントしています。Yがタケ君にシールをプレゼントするのはこれが初めてではありません。Yにとって贈与すること自体が喜びなのです。シールの交換も交換すること自体が喜びです。Yにとって重要なのは年長児(時には小学三・四年生)と交換の交渉をして、交換を成立させることです。交換するための交渉は、相手が年長者であれ、Yが相手に認められることであると同時に、相手と対等の関係にたてることです。Uの仲間集団の最年少であるYにとって、それは素晴らしいことです。一一月一七日にも、Y(3: 7.18)はタケ君に、偽ビックリマンシール五枚をプレゼントしています。その次の日も、Y(3: 7.19)は、タケ君に「ドキドキ学園」のシールをプレゼントしています。そのためかタケ君との距離も近くなってきています。一一月一九日、Uは友だちが遊びに来てその子と一緒に別の団地に遊びに行きます。家でタケ君とYの二人が遊んでいると、小学一年生のアミ君が遊びにきます。Mが「Uちゃんいないよ」と言うとアミ君は「いーから、いーから、Uなんて気にしない」と言います。そして、タケ君やYと遊んでいます。Y独自の仲間世界も少しは生まれてきつつあるようです。一一月二一日、MとY(3: 7.22)とがハナちゃん(年長)、ハルちゃん(3: 7)の姉妹の所に行き不在の時、自宅にカズ君（年長）、イチ君（年長）、ミヤ君（年長）、タケ君（年中）の四人が遊びに来ます。そしてUを含め五人でビックリマンシールの交換や話題でにぎやかにやりとりしている時、タケ君が一人離れFの所に来て「おじさん、Y君いない？」と尋ねています。タケ君はYを遊び相手とはっきり見なしています。

同輩の友だち：　一一月一一日、ミクちゃんが遊びに来ます。Y（3：7.12）と遊んでいると、タケ君がやってきます。ミクちゃん、Y、タケ君の三人で遊ぶことになりますが、タケ君が来てからは、Yはミクちゃんよりタケ君と遊びます。ミクちゃんは「お父さんごっこ」をしたがったのですが、タケ君がのらないのでYもしなかったようです。夕食の時、Fが「Y君なんで『お父さんごっこ』しなかったん？」と聞くと、Yは「タケ君しないもん」と答えます。男の子集団がいると、Yは、ミクちゃんから離れ、男の子集団に合わせて行動します。一一月二八日、ミクちゃんが遊びに来ます。ミクちゃんはおだやかな性格の女の子で、Y（3：7.29）と実に楽しそうに一緒に遊びます。不要になった段ボール箱の中に二人入って遊んだり実に仲よしです。ミクちゃんが「（※ゲゲゲの）鬼太郎さんごっこしよう」と言ったり、Yはペンギンのヌイグルミ、ミクちゃんはアシカのヌイグルミを手にして、段ボール箱の中で、玩具の救急箱のメスなどを用いてお医者さんごっこをしたりします。この日、Mは「Yが本当に楽しく遊べるのはミクちゃんと。Uの友だちとは背伸びしてついていっているだけで、十分に遊べていない」と感想を述べています。

兄との楽しい遊びとトラブル

友だちが誰も来ないときや、起床したときなど兄弟二人だけの時には、実ににぎやかに楽しそうに遊びます。竹で編んだ木馬を逆さにして、Y（3: 7,9）に跨がらせ、Uが木馬を揺らしてやったり、交代して今度はUが木馬に跨がりYが揺らしたり、UもYと遊ぶのがとても楽しそうです。互いのビックリマンシール帳を見せ合って論評し合う遊びも毎日のようにみられます。U（6: 5,23）とY（3: 7,15）とが「ハリマ王の伝説」シールをそれぞれのシール帳から出して、立位になって、上からシールを落下させ、シールが重なるかならないかを争う新しいゲームを考案し、それで遊ぶこともあります。二人でふざけ合う遊びも毎朝のようにみられます。

兄「Yなんか嫌い！」

この時期のYはUに対してだんだん厚かましくなり、自分が先に手を出したときでも決して非を認めたり、謝ろうとはしないので、Uとトラブることが次第に増えてきます。

観察43　Y（3歳7ヶ月7日）　U（6: 5,15）とY（3: 7,7）とが「戦争」というトランプゲームをしていた際、Yの持ち札が残り三枚になったので、Uがかわいそうに思い、自分のカード一枚を与えようとすると、Yは「二枚欲しい！」と要求し、Uが「一枚」と応えると、Y

は手を伸ばしUのカードを取ろうとするので、UがYの手をたたくと、Yがそれにやり返してケンカが始まってしまいます。Yは泣きわめきつつ、Uの顔をたたき、Uは怒り泣きつつYをたたき、二人で蹴り合ったりします。そこでFが仲裁し、話がYの方が悪いということになりそうになってくると、Yがギャーッと泣きわめき、仰向けのYが足をバタバタさせ、Uの顔を蹴ってしまいます。Uは怒りやり返そうとしますが、Fはそれを押さえ「今のはY君が悪い！」と断言します。Mが「Y君、ごめんなさいは！」と言うと、Yは「見えないもん！」「見えないもん！」と何度も繰り返します。FとMとが「見えてなくても、蹴ったら謝らないと」と言うと、Yは泣きわめきつつ「泣いてる途中で、ごめんなさい言えるかー！」と言い返します。Mに「蹴ったら謝らないと」「ごめんなさいは」と言われるたびに、Yは「泣いてる途中で言えるかー！」など泣きわめき、頑として謝ろうとしません。

一一月一五日、二人が朝起床したばかりの時、Y（3：7.16）がUの足を踏み、Uが「イタタタ」と言い、Yの頭をポカポカとたたきかけるので、Mが「Uちゃん！」とたたくのをやめさせて、Uに「どうしたん？」と尋ねると、Uが「Y君が足踏んだ」と言います。そこで、Mが「じゃあ、Y君が悪い、じゃあ、Y君ごめんなさいって言いなさい」と指示しますが、するとYは断固言いません。それどころか、謝るように追及されているとYは「Uちゃんが先にたたいたもん！　Uちゃんが先に棒でたたいたもん！」とまったくのでっち上げの嘘を言い始めたりします。その後も、Yは生意気で、Uに言い返したり、しつこくまとわりついたりします。Uは生意気だと思ってか、ものも言わずに蹴ったりして、Yとケンカになることが以前より多くなっています。Y（3: 7.19）が寝たあとで、U（6: 5.27）はMに「Y君はいばるから大嫌い。Uちゃんに意地悪する」などと言っています。一一月二五日には、イチ君が家で映画のビデオを見せてあげると言い、Y君も来てもいいと言っていたのに、Uは家を出て一目散に走り、Yを置いてきぼりにしています。この日の夕食の際に、Fが「どうしてY君も連れて行ったげへんかったん?」とUに尋ねると、Uより先にY（3: 7.26）が「Uちゃん、Y君のこと大嫌いだから、連れて行かへんかったんやて」と答えています。先立つ、MとUの会話などから耳にしたことをリピートしただけかもしれませんが、Uの気持ちはよく分かっているようです。その四日後にも、Y（3: 7.30）はUにかまって欲しくてしかたがないようで、しつこくUに絡んでいます。コタツに入りビックリマンシールを見ているU（6: 6.7）の鼻をわざと摘まんで邪魔します。Uもはじめはふざけに応じていますが、何度もするのでいささかうるさくなり「Y君、やめろ!」と怒鳴り散らしますが、Yはさらにふざけて喜んでUの鼻を摘まもうとします。FとMが「Uちゃん怒鳴らずに、もっとやさしく『やめてY君』って言い」と注意し、Yにも「Y君はしつこい、Uちゃんやめてって言うのにやったらダメ」と注意していると、Yは「だって、Uちゃんが怒鳴ったもん」と、トンチンカンにも原因と結果を逆さにして、自己正当化をします。

自分の非を認めるのはイヤ、指示されるのもイヤ

一一月二日、Y（3: 7,3）とタケ君とが家の中で追いかけあって「キャーキャー」と声も大きくうるさく騒ぎます。Fが何度も注意しますがやめません。MがYに「うるさいよ」と言うと、Yは「うるさくないもん！」とまったく応えていません。FがYに近づき「Y君うるさいぞ」と言うと、Yはふざけて Fをたたきにきます。Fがしゃがみ Yの肩を押さえて「Y君泣くことになるぞ」と少し脅します。その後、Yは少しは静かにします。近頃のYはMが少々叱っても言うことを聞きません。買い物に行く途中で、Y（3: 7,22）が「ビックリマン買ってくれる？　何か買ってくれないかなー？」と言うので、Mは「買わないよ」と言うと、Yはたちまち目を潤ませて泣き、道に座り込もうとします。FとMとが「そんなことでワーワー言うなら、もう一緒にこないでもいい」と言うと、Yは「足が痛い」とすり替えて誤魔化します。この頃のYは、いっぱしに誤魔化したり、手段的に泣いたり、なかなかの悪になってきています。親の注意を聞かず、反発し、要求して叶えられないと泣きでさらに要求しますが、本当にきつく叱られると態度を変え、自己正当化の台詞を口にするようになっています。

自分の過去や未来、自分の死のことを考える

一一月二日朝食中に、Y（3: 7,3）は「おとーさん、赤ちゃんの時覚えてる？」と言った

り、「おかーさん、赤ちゃんの時何歳だった?」と言ったりします。またチョキ（二）のサインをしてFに見せつつ、「怖いって言ってたやん、海行ったとき」などと言い出します。2歳の時、白浜に行った際のYが海を怖がっていたなどの話を今年の夏に話していたことはありましたが、急に2歳の時の話になるのはFやMにもよく分かりません。一一月五日の夕食の時、Uは熱が出て寝ています。FとMとY（3：7.6）の三人で夕食中、Fが「Y君一人っ子みたい」と言うと、Yは「一人っ子って何？ 子どもが一人?」と尋ねます。FとMが「そうだよ」と言い「こんな時はそうないよ」と言うと、Yが「覚えとかなくちゃ」と言うので、Mが「そう」と賛同します。Yが「Y君が病気だったら、Uちゃんが一人っ子?」と尋ねるので、Mが「そう、Y君よく分かってるね」と言い、Fが「かしこいね」と褒めます（※Yは兄の視座から自己をとらえることができています）。そしてFがYの前髪をかきあげて「Y君とUちゃんの顔違うね」と言うと、Mが「でも、よく似てるって言われる」と言うと、Yは「えーとさ、もうすぐさ、Y君さ、Uちゃんの顔みたいになるんちゃう?」と言います（※観察42のYの台詞を思い出してください）。一一月一五日、夜午前中録画したテレビの『超人機メタルダー』を見ます。小学低学年の女の子（メタルダーを殺すために作られたロボット）が中に仕込まれた爆弾のため爆発してしまいます。Y（3：7.16）はこれにショックを受けたようで、テレビが終わってから「人間って爆発するの?」とFに尋ねたりします。その後、Mが添い寝して二人を寝かしつけてやっているとき、Yは「お母さん、人間って死なないでしょ？」「何年かかっても死なないでしょう」「おかーさん、人間ってすぐ死んじゃうの？」などと言うので、Mが「簡単には死なないよ」と答えます。Yは「Y君死んじゃうのイヤだなー」とつぶやくので、Mが「死なないぞって思ってたら、そんなに簡単に死ぬものじゃないよ」と言うと、Yは「でも、いつかは死むの？」と聞くので、Mが「いつかはね、でもなかなか死なないよ」と答えると、Uが「包丁に刺されたら死むわ」など言います。しばらくしてYは「Y君はね、ホーチョーで切られたりして死むのは、イヤなの」と言う。Yが自分の死に絡めて「死」を話題にしたのはこれが初めてです。

3　3歳8ヶ月のY：兄の友とも気分は対等、背伸びで会話

年長児の中に紛れて遊べる力

この時期、Yはタケ君（5;8）、イチ君（5;11）、カズ君（6;0）などともほぼ対等に近い形で遊べるようになってきています。一二月七日、カズ君とミツ君（4;6）の兄弟が遊びに来てUとYと四人で遊んでいましたが、その後タケ君が遊びに来てから、Uとカズ君とミツ君が外遊びに出ても、Y（3;8,7）とタケ君は家に残り、タケ君と二人で「赤影と白影」の忍者ごっこで遊んでいます。Yはそのテレビを知らないので、タケ君がリードしての遊びです。

一二月一五日、ドン君（小二）とブン君（4歳）の兄弟と、カズ君、イチ君、タケ君の五人

が遊びに来ます。みんなビックリマンシール帳を持ってきています。ドン君は、自分の持っているシールのキャラクターがいかに強いかを饒舌に語ります。子どもたちの間では、キャラが強いほどそのシールの価値は高く評価されます。イチ君はその話にすっかり引き込まれて、自分のシールとドン君のそのシールとを交換してほしくなり、ドン君は「イヤ」と拒否します。するとイチ君は「これと、これと、これとではアカン？」など三枚と一枚の交換を提案したり、最後は「お願い替えて、言うこと何でも聞くから」と言ったりします。その三〇分程後のことです。イチ君は今度はYの持っているシールが欲しくなり、Yに「この二枚で替えてー」と頼み込み始めると、すかさずY（3：8.15）は「Y君の言うこと何でも聞いてくれないとダメ」と言います。Yのその物真似学習の素早さに、見ていたMは唖然としたとのことです。その後YはMからお説教されます。

一二月一九日、カズ君が遊びに来ます。U、Y（3：8.19）、カズ君の三人の遊びは、ビックリマンシールのことばかりで「交換する」「しない」のと、とにかく永遠に交換についてしゃべっています。FとMとは「外で遊ぶように」と何度も言います。その二日後も、カズ君、タケ君、Y（3：8.21）、Uの四人になるとまったく外遊びしようとはせず、一日中、ビックリマンの話ばかりです。この四人でそろって外遊びに行ったことは一度もありません。Uは少しは外遊びしたい気持ち、別の遊びをしたい気持ちがあるようですが、問題は、Yです。Yは、寝ても覚めてもビックリマン、ビックリマンです。一二月二三日、UとY（3：

8,23）とイチ君とタケ君の四人でカズ君宅へ遊びに行きます。行く途中にUはビックリマンシール帳を家に置きに戻ります。その時アミ君と出会い、結局アミ君と二人で遊ぶことになります。残り三人がカズ君宅に向かうことになります。しばらくして、Yが一人で家に戻ってきます。以下が、Yが語った話です。

Yの語った仲間とのトラブル：　イチ君（5：11）、タケ君（5：8）の落としたドキドキ（※学園の）シールを「拾ったから僕のや！」と言ってタケ君が泣いた。イチ君がタケ君を泣かした。タケ君が泣いたので、イチ君はシールを返した。Yとタケ君で戦いごっこ。タケ君とイチ君が交替して、Yとイチ君で戦いごっこ（※レスリングのような？）。イチ君がYの耳をたたきYが泣く（※Yは中耳炎だった）。イチ君はあわてて逃げ帰る。

以上が、Fが尋ねていくと、Yが語った内容です。家に戻ってきたときには、Yはもう泣き止んでいます。Yはけっこう仲間との出来事を筋道をたてて語れるようになっています。仲間の行動を観察してそれを後に語れるようになっているということは、仲間の行動からいろいろな行動や態度を学べるようになっていることを意味しているように思います。

兄「一番の友だちはY」

先月まではUはMに「一番好きなのはお母さん、次はビックリマンシール、……最後の最後はY君」と語り、Yの順位は最下位でした。ところが一二月六日に、U（6：6,14）は「U

ちゃんビックリマンあんまり面白くなくなってきた、Y君（3：8,6）より好きという感じではなくなってきた」と語るようになっています。一二月二八日には、Uは「僕の一番好きな友だちはY君（3：8,28）や」と言うようになったほどです。UとYはすごく仲良く遊べます。たとえば、一二月六日には、Y（3：8,6）とU（6：6,14）は実に元気よく家の中で騒ぎます。夕食前には、かくれんぼしたり、暴れたりで騒ぎ、夕食後は二人でピアノ椅子や家具類を組み合わせて飛行機操縦席にして、見立てを伴う運動遊びを実に楽しそうにしています。そして、毎朝、目が覚めるや二人はビックリマン帳をみて実にうるさくしゃべります。トラブルは、一二月一三日の事件ぐらいです。二人が一緒にトイレに入り、小便をしたときのことです。U（6：6,21）とY（3：8,13）とが「おしっこかけちゃうぞー」「そんならかけてみー」などとことばでやり合い、Yが本当にUにおしっこをかけてしまったのです。Uは涙ぐみ、MはYに謝るように言いますが、結局Yはまったく謝らずに済ませています。YはUに対して一部対等になってきているといえるでしょう。

ハイハイと調子よく返事しても親の言うことはきかず

一二月二二日に、Fは、「近頃のY（3：8,22）の聞き分けのなさ著しい、大人が注意することも、左の耳から右へすぐに抜けてしまう」と記録しています。この日、Mは「2歳頃は少し大人が注意するとすぐに泣いていたが、近頃は大人が叱っても、まったく聞いていないことも、分かっていないことも多い。またすぐに泣いたりはしない。最近のY聞き分けなくて困る。Mが注意すると、おりこうそうに「ハイ」「ハイ」と言いはするものの、全然聞かず、すぐまた同じことをしたり、また調子にのってしつこくしつこくUにまとわりつき、Uが嫌がってはねのけたりしても平気でへらへらまとわりついたりする。Mがかなり本気で怒っても、もう一つ聞いている感じがしない。調子はいいのだが……」と語っています。ヴィゴツキーは「3歳の危機」の現れの一つとして、「三歳児の強情」（ヴィゴツキー、二〇一二、邦訳一四四頁）ということをあげています。Yの場合、激しい拒否癖的なことはあまりなかったのですが、絶対に謝らない、「ゴメン」と言わないなどの強情や、親の注意を「ハイ、ハイ」と聞き流すなどの形での強情は、多くみられています。

あれだけトンチンカンだと

一二月六日に、Mは「Y（3：8.6）は分かっているようで分かっていないことが多い、話が通じていないことが多い、トンチンカン」「あれだけトンチンカンだと、日頃でもよく分かってなくて、なんとなく雰囲気で分かったようなふりをしていることが多いのでは？」と述べています。いつもYから見れば、両親や兄などがよく分からない会話をしているので、意味を良く理解しないまま背伸びして適当に真似をしたり分かったふりをしているようにも思われます。

一二月六日には、Fが何度注意してもY（3: 8,6）とU（6: 6,14）が家の中でどたばた騒ぐので、Fは脅かしは好ましくはないと思いつつ「もうビックリマンお父さんのにしちゃうぞ」などと言いますが、Uは少しは聞こうとする様子はあるものの、Yにはまったく効果がありません。そのくせ、一昨日、FがUを「そんなんしたらビックリマン……」と脅して注意した後に、Uが何か別のことを失敗したのを見るや、すぐさまYは「Uちゃんビックリマンなしやでー」と言ったりもします。他人のことはよく分かるが自分のことは分からないようです。この日の夕食は牡蠣鍋でした。Fが「お父さん、小さいときは牡蠣嫌いだったけれど大人になってから好きになった」と話すと、Yは「おとーさんもおかーさんもいなかったとき、これ好きだったん？」と尋ねます。Mが「おとーさんもおかーさんもいないとき、Y君もいないで」と言う。Fは「Y君、これってどれ？」と尋ねると、Yは「これ」とテーブル上の鍋を指差します。Yは「お父さんが小さいとき」=「昔」=「お父さんもお母さんもいなかったとき」というように混線したようにも考えられます。一二月八日に、MがY（3: 8,8）に「お母さんがビックリマン破っちゃうよと言ってるのは冗談だから、心配しなくていいんだよ」（※Fがすぐに本気でビックリマンに絡めて脅すので、Mはそれを冗談化して半畳を入れている）と説明していると、Yはこの「冗談」ということばが通じず、かえってこのことばに反応して、「ビックリマン破ったらいやー」と言い泣き出してしまいます。「もしMが○○と言っても、その○○は本気ではない（冗談だ）」という文章は「再帰的（recursive）な構造」をもっています。仮定法も含むこのような文章をコンテクストなしで理解するのは、この時期のYには難し過ぎたようです。一二月一三日の夕方、FとUとが腕立て伏せや自己流ヨガごっこをしていて、「子どもは筋肉がつきすぎると身体が大きくならないしー」「あんまり筋肉つきすぎたらよくない」などとUにしゃべっていると、これを耳にしたYが「Y君にも筋肉ちょーだい」とやって来ます。食べ物の話と勘違いしたようです。この日の夕食中、MがFと会話中に、「○○は、△△なんやでー」などとしゃべっていると、Yにはまったく分からないことのはずなのに、Mに相づちを打つように「ほんまや」と言っています。よく分からなくても、分かった顔で会話に参加しようとしています。この様子ですと、Yに分かっていない周囲のことばがかなりありそうです。次の例からは、この時期のYにとって、「○○をしなければ」といった否定の入った条件文の理解が難しかったことがよく分かります。

✎観察44　Y（3歳8ヶ月22日）　この日、芦屋の祖母から一人につきビックリマンチョコ二個が届くことになっています。そこで朝、FがUに「ちゃんと外で遊べるか、遊べないと、おばあちゃんからビックリマン二個来ても、今日は（※ビックリマンチョコを）開けないぞ」と警告しました。日頃から、Fはこのようにすぐに交換条件、脅しにビックリマンシールを使う傾向が強く、Mに非難されています。Fも分かってはいるのですが、外遊びをせずに、子どもたちが家の中でビックリマンシールについて話してばかりいる姿に不健康さを感じ、思わず脅迫的なことばを口にしてしまいます。その後、MとYは、Uを園まで送り耳鼻科に行きその帰り道、Yがベソをかき泣きそうです。Mが「どうしたん?」と尋ねると、Yは「今日ビックリマン」と泣きつつ言います。Fが朝言った「ちゃんと外で遊べるか、遊べないと、おばあちゃんからビックリマン二個来ても、今日は開けないぞ」と言ったことばを思い出して悲しくなっているのです。

Yには「A（外遊び）をしなければ、B（ビックリマン）を与えない」という条件文を理解することが、難しかったようです。通常意味は「Aをすれば、Bがもらえる」とほとんど同じなのですが（※論理的に等価な対偶は「Bを与えられたら、Aをする」です）、前者は前文（Aをしなければ）にも後文（Bを与えない）にも否定が入っており、それが文理解を妨げるようです。YはFのことばの前半（外遊びをしなければ）は聞き流し、結論部分（ビックリマンを与えない）のみを思い出して泣いています。

4章

不安と希望,
脱皮し始める3歳

（第4期：3歳9ヶ月～3歳11ヶ月）

弟Y（3; 10, 0）と兄U（6; 8, 8）
家族4人で津風呂へ

【第4期のU】この時期、弟のYは生後10ヶ月半から1歳1ヶ月半です。要求がはっきりして通らないと泣きわめいたり、そっくり返って怒るようになっています。Uにとってはますます目障りな存在、母親を奪い合う強力なライバルになってきています。Uは3歳9ヶ月の時、口に出して弟の死を願ったりしています。弟の方も、母争奪戦ではUがライバルだと感じてきているようです。Mの膝の上ではUを押しのけようとしたりもします。また、母親がUを叱ると、母親の真似をしてUを見つめ「エーッ！」と叱る声を出したりもします。Uは、3歳11ヶ月代、友だちがいなくなったこともあり、弟に対する攻撃的態度が目立つようになっています。叱ったり、たたいたり、玩具を取り上げたりして、いじめます。一度はMを奪い合って、弟の指を噛むこともありました。また、弟が悪さをした仕返しに、弟の大好きなミカンを、Uが全部食べたら弟はどう思うだろうかなどとMに尋ねたりします。空想で弟を殺したり弟に意地悪しているようです。Fがたっぷり Uの遊び相手をしてやると、弟に対する攻撃が少なくなります。

3歳9ヶ月代、Uは話の通じ合える同年齢のマヤ君と親しく遊ぶ機会ができ、また近所の一年上のカナちゃんとも遊べるようになっています。3歳11ヶ月一日の時には、マヤ君やシン君と三人で楽しそうに公園で遊んでいます。仲間と遊ぶ力が十分育ってきているように感じていたのですが、マヤ君とカナちゃんが四月（Uが3歳10ヶ月）から幼稚園に通うようになり、またマヤ君が五月に団地から引っ越ししてしまうことなどが重なり、楽しく遊べる友だちがあっというまに消えてしまいます。Uが二年保育の幼稚園に通い出すのは、ここから一年後のことです。今から三〇年以上も前のことですが、保育所や幼稚園に通わなければ仲間集団と会えない状況はすでに始まっていたといえます。

Uはひっきりなしに母親に話しかけます。Uはダッコをめぐっては弟がライバルですが、会話に関しては父親がライバルです。父親も母親を奪う邪魔者なのです。父親に対する攻撃は両義的です。父親を攻撃して、父親が反応して自分に関心を向けてくれることも期待しているのです。父親が自分がタバコを吸っているのに、母親にタバコを吸わないように注意することに、Uは父親の欺瞞性を感じ、父親を攻撃します。少し自分が痛かったり思うようにならないと「ギャー」と大声で叫ぶことを武器にして、父親だけではなく母親も攻撃します。仲間と十分に遊べていないストレスが、弟にも父親にも母親にも向かうのです。しかし、Uの挑発にのって父親が戦いごっこをしてくれると大満足です。

この時期のUの想像力は、非常に複雑な階層構造をとれるようになっています。Uは自分が「宇宙刑事ブラックファイダー」（Uが発明したヒーローです）の「赤ちゃん」だと言います。その赤ちゃんが「宇宙刑事シャイダー」の洋服を着たら変身して大人になると言います。しかし、「ブラックファイダー」であったUは、実は本当は悪の「クビライ」であって、そのクビライが「ブラックファイダー」の洋服をつけて、「ブラックファイダー」の真似をしていただけだと告白するのです（観察46）。そして悪役「神官ポー」の役をしている父親と連帯して、正義の味方「宇宙刑事シャイダー」を一緒にやっつけるという遊びで盛り上がります。Uが「ふり」をしてなっていたつもりの「ブラックファイダー」が、実は「クビライ」のふりであったという、設定の中に「『ふり』のふり」つまり、「再帰的（recursive）な構造」が組み込まれています。Uの想像力やイメージ力は、3歳を超えるレベルの発達を示すのですが、現実世界ではそれを発揮できる仲間世界、あるいは生活世界がありません。4歳前にしてUはまだ不完全燃焼なのです。

【第4期のY】 Yの目標は兄たちの仲間集団のメンバーの一人として認めてもらうことでした。この時期に、Yはほぼその目標を達成しています。もちろん、兄とその友だちの「野球」や「サッカー」といった外遊びなど、メンバーに入れてもらえないことがなくなったわけではありません。しかし、ビックリマンシールなどの交換会などを通じて、年上の子どもたちとある意味で対等に交渉する経験を重ねたことがYに大きな自信を与えたようなのです。年上のミヤ君とイチ君がUから贈与を受けようと争っているのを知って、その贈与の話から疎外されている年上のカズ君に同情して「君たち（※イチ君やミヤ君のこと）、なんかもらってるやろう、カズ君だけなにかもらってないやんか」と宣言し、みんなの見てる前でカズ君にシールを贈与しています。Uよりほぼ三年下の弟のものとは信じられない台詞です。それだけではありません。ビックリマンチョコを一緒に開けて、中に入っていたシールがYは「天使」で、Uが「悪魔」だと、何と兄のUが泣くようなことが何回かありました。Yは、自分の「天使」のシールをUの「悪魔」シールと交換することを自分から提案し、Uが泣かなくてすむようにケアしています。3歳児が6歳児をケアしているのです。同年齢のミクちゃんや、チカちゃんとはビックリマンシールを介さず、年齢にふさわしい遊びで楽しめています。この時期、Yの仲間関係は充実しています。

Yにとって重要な人物は兄です。兄の後ろをついて行き、兄と一緒に活動すれば楽しいと理解しています。責任や判断は兄に委ねています。親に少々叱られても聞く耳をもちません。父親に叱られた兄が、父親を攻撃するときは、Yは兄の味方です。兄と一緒に父親を攻撃します。親の指示には従いません。プライドが高くなっており、自分にできないことは拒否します。また、自分だけが父親にダッコされると怒り父親をたたきます。自分は、兄と同等の存在だ、特別扱いは無用だとの意識が芽生えてきています。自分のご飯茶碗だけが瀬戸物でなく小さく絵が描いてあることに不満を感じるようになっています。Yは兄ともにらみ合ってケンカできるようになりつつあります。

過去や未来のことや、他者のことなどを考えたりイメージする力も伸びてきています。お酒をお茶と思って、間違って飲んでしまったことがあると自分から語ったりします。自分が誤信念を抱いたことを想起しています。また、自分がどんな夢を見たのか思い出そうとしたり、母親にどんな夢を見たのか尋ねることもあります。母親が誰から生まれたのか尋ねたり、自分が母親のお腹の中にいたときのことを覚えていると言ったりします。小学一年生のドン君が小学生の姉と二人で歯医者に行ったとの話を、自分から思い出し、ドン君がお金を持っていたのか、自問したりもしています。イメージで状況を立ち上げて、その場でドン君がどのように振る舞ったのか、それを考えての自問です。Uの行動や発話に関しても、「その行動や発話はおかしいんじゃない？」とUの立場や動機を考えて、思考することも可能になっています。兄弟関係や仲間関係で鍛えられたためか、Yの「他者の心の理解」はUの同時期より少し進んでいるように思われます。

1 第4期（兄・U）：友との交流、弟へのアンビバレンツ

［兄（3; 9）〜（3; 11）　弟（0; 10, 23）〜（1; 1, 22）］

1　3歳9ケ月のU：友ができる、母を独り占めしたく父も弟も邪魔

会話できる友だち

マヤ君（3: 9）は、従兄のノリ君を除けば、Uがことばでいろいろやりとりできる唯一の友だちです。マヤ君は性格が穏やかなしっかりした子どもです。U（3: 9,7）はマヤ君が遊びに来てくれると興奮して、近づいてきたY（0: 11,1）をたたいたり乱暴したりします。そこでMがUを叱ると、マヤ君は「おばちゃんももっとゆっくり怒ったらいーのに」「マヤね、

おとーさんに怒られると、ゆっくり怒ったほーがいいよと言うよ」、とMにアドバイスしたりします。三月七日、午前中U（3：9,13）は自宅近くの外でもっぱらカナちゃん（一学年上の女の子）と遊んでいます。Mが家に入った後も昼過ぎまで遊んでいます。カナちゃんとは二月頃から二人で遊べるようになっています。この日の夕方、マヤ君が遊びに来たときの二人の対話です。マヤ君がポケットティッシュを出してUに見せ「これカナちゃんがくれたんだよ」と嬉しそうに言います。Uは「Uちゃんも欲しいなー」と言いますが、マヤ君は「ダメ」と拒否します。するとUは「Uちゃんだってねえ、誰かがイーモンくれたことあるもん」「お母さんがティッシュ濡らして遊ばせてくれたことあるもーんだ」と空自慢をします。さらに、Uがズボンを、「一人ではけるんだよー」と自慢すると、マヤ君は「マヤもできるよ」と返します。Uは「仕上げ（※幼児番組から歯磨きの意味）だって一人でできるんだぞ」と言うと、マヤ君は「それじゃあ同じだね」と言いますが、Uは「何？」と聞き返すので、マヤ君は改めて「マヤもできるから同じだね」と丁寧に言います。そこでUは「うん」とうなずきます。三月一二日には、U（3：9,18）とマヤ君は四畳半の押し入れの上の段（Uの部屋）に入り、長いことごそごそ二人でゲーム（数字の書いてあるチップをパネルに入れる）のようなことをしています。Uは勝手に「三が出たら勝ち」とか「同じのが出たら勝ち」とか言って、「あっ、Uちゃんの勝ちー」と宣言したりしています。マヤ君がそれに文句を言うと、Uはすぐ「これは二人勝ちー、これは二人勝ちしかないの」など適当に訂正しています。このようにして三時間近く二人で遊びます。次の日も、U（3：9,19）とマヤ君は四畳半の押し入れの中に二人で入り、一時間近く二人だけでしゃべって遊びます。Uが数字の書いてあるプラスティックのカードを見せて、「こうやったら勝ちだよ」「そうじゃなくて、ここがこうなったら勝ち」などと、いかにもルールのあるゲームのように説明しています。しかし、ルールは一瞬一瞬、勝手気ままに作られ、勝ち負けの判断はすべてUがしています。このような遊びに、マヤ君も乗り二人で長く楽しく遊びます。この日、Mは「もうUはMと遊ぶより、友だちと遊ぶ方が楽しい時期になってきたよう」と語っています。

弟に教えたり、同情したり

二月二三日、MとU（3：9,1）とY（0：10,24）の三人で宇治川縁に行きます。Uが「Y君ジャーだよ、川のこと赤ちゃんはジャーって言うんだよ」と言うと、Yは「ジャー」と言って川を指差します。Uが石を川に放ると、下に座らせたYも小石を「ジャー」と言いつつ石を二〇センチほど投げます。UはYのお手本になりつつあります。MはYに対して断乳を始めています。二月二七日、夕方MがY（0：10,28）を寝かしつけているとき、UはMがYに母乳を与えていないのを見て「Y君おっぱいなくなってよかった」と言います。しかし、夜にMがYを寝かせるときには、Uは「Y君おっぱいいなくてかわいそう」と言って、「Uちゃんが寝かせてやろうか」と言ったりもします。Yがおっぱいを飲むと羨ましいが、飲まないとかわいそうというアンビバレントな気持ちがあるようです。三月九日、ＹはＵのすることが興味深くてしかたがないようです。Ｆは四畳半に布団を敷きつつＵ（3; 9,15）とシャイダーごっこをしてやります。Ｕはお手玉を手にして押し入れから跳び降りて、いろいろしゃべりつつお手玉二個を次々とＦに向かって投げます。すると近くに座位でいるＹ（0; 11,9）は、Ｕがお手玉をＦに向かって投げる度に、声を立てて笑い喜びます。ＦがそのＵお手玉を同じようにＵに向かって投げても、Ｙはまったく喜びません。ところが、Ｕが投げると声をたてて喜びます。一〇回ほど投げる度に声をたてて喜びます。Ｙにとって父親は仲間ではありませんが兄は仲間と感じているようなのです。三月二一日、Ｙ（0; 11,21）はＦとＵ（3; 9,27）のシャイダーごっこなどの戦いごっこを見るのが大好きです。Ｕが六畳の経机の上に座位になり、隣室の四畳半の布団の敷いてある方にでんぐり返りをし始めるや、Ｙはそれを見て、カハハハハ、キャハハハと声をあげてものすごく喜びます。Ｙが喜ぶものだから、Ｕは何度も何度も経机の上から布団の方にでんぐり返りを繰り返します。Ｕにとって、Ｙはもうりっぱな観客です。これを見てＦは、遠からず二人が一緒に遊べる日が来ることを感じます。

　このようにＹが存在感を示すようになるにつれて、それと同時にＵはますますＹをライバルとして意識し始めるようになります。自分から母親を奪ってしまうような弟はいなくてもいいのです。Ｕはそのことをことばで表現できるようになっています。

弟は死ねばいい、自分は死にたくない

三月一日にマヤ君が遊びに来てくれると、U（3: 9,7）が興奮して、日頃の抑制がとれY（0: 11,1）に乱暴しました。Uにとって、Yは目障りなライバルです。YがいるためにMを独り占めできないと強く感じているようです。その二日前の昼のことです。

✎観察45　U（3歳9ヶ月5日） Mに向かってUが「Y君はやく死んだらいいのになー」と言います。Mが「どうして？」と尋ねると、Uは「だって、Uちゃん一人で遊びたいんだもん」と答えています。確かに、Uが遊んでいるとYがすぐに介入してくることは事実ですが、ある程度FやMもその対応はしています（押し入れの中のUの部屋など）。Mが「でも、Uちゃん、かーさんがUちゃんなんか早く死んだらいいのにって言ったら、どう？　どんな気持ち？」と尋ねると、Uは「そしたら、Uちゃんパッと死んだげる」とあっさり言います。Mが「でも悲しくならない？」と聞きますが、Uは「ううん、嬉しい」と冗談的な強情をはります。Mが「へー、死んだらいいと言われたら嬉しいの？」と念を押しますが、平然とUは「うん」と答えています。

それから約二週間後の三月一五日、U（3: 9,21）はMに「Y君が死んだらお母さんどう思う？」と尋ね、Mが「そりゃあ悲しいよ」と答えると、Uは「Y君と同じ顔の赤ちゃんがま

た生まれたら？」とさらに尋ねています。Mが「それでも、Y君が死んじゃったら悲しいよ、Y君はいなくなっちゃうんだもん」と答えると、さらに論理を詰めて、Uは「お顔もみーんなY君と同じ赤ちゃんがまた生まれたら、お母さんは何て思う？」と尋ねています。観察37のU（3：8.12）でも似たような問いを発していますが、ここでは「同じ顔」だけではなく「お顔もみーんなY君と同じ」とクローン（コピー）されるのが顔だけではなく全体であることが強調されています。観察37の「同じ顔の赤ちゃんが生まれたんだって、だから良かったでしょー」という台詞を考えると、Uは「赤ちゃんAが死んでも顔だけではなく全部同じ赤ちゃんAが生まれたら、すべて回復し元と同じになるのだから、赤ちゃんAの死はそれほど重大なことではない。赤ちゃんAの死を恐れる必要はない」と考えているようです。三月一六日には、夕食後、七時からのアニメ『レンズマン』を待っているとき、U（3：9,22）は急に「Uちゃんって、まだまだ死なないかな？」と尋ねています。Mが「死なないよ」と言い、Fが「どうして死ぬの嫌なの？」と尋ねると、Uは「だって、死ぬとき痛いんだもの、まだまだ死ぬのいや」と答えています。他者Aの死は、クローン他者Aによってカバーできるように思うことができるのですが、自分の死はとにかく「痛く感じる」気がするのです。この痛さは、たとえ自分のクローンがいてもカバーできません。このように他者の死や自己の死について考えるようになるのも、3歳の峠という高見から「新たな地平」が見えてくるからであるように思われます。

父との空想遊びと父との権利争い

三月四日、Fが寝転がっていると、U（3; 9, 10）は「ダッコ、ダッコ、ダッコかオンブかどっちかしてー」と甘えうるさく訴えます。その後、Fは布団を敷きつつ、声のみでUといつもの「お布団シャイダーごっこ」（※夜布団を敷くときにするのでUがこのように名付けました）をしてやります。『宇宙刑事シャイダー』は三日前に最終回が放映されました。その余韻はまだUにも強く残っています。

観察46　U（3歳9ヶ月10日）　①Fは布団を敷きつつ会話で相手をしています。Uは自分の発明した「宇宙刑事ブラックファイダー」の赤ちゃんになります。Fが「赤ちゃんって弱いんだよ」とケチをつけていると、Uは「変身してシャイダーのお洋服つけたら大人になるの」と言います。そして、敷いてある布団の上で前転したり、押し入れの上段から布団の上に跳び降りたり、活躍し始め、Fにはいつものように悪役の「神官ポー（※犯罪組織フーマの神官）」になってくれと要求します。Fが「お父さんいつも悪者ばっかり、かっこいい役したいなー」と不平を言っていると、Uは「神官ポーって強いんだよ、シャイダーをやっつけたりする人だよ」とFを納得させようとします。Fがなおもかっこいい役をしたいとブツブツ言っていると、Uは「明日はしたげるよ」といつもの台詞を口にします。Fが神官ポーの役で、Uに布製のボールをぶつけたり、布団の上にUを押し倒したりしていると、Uは急に

「僕はクビライ（※犯罪組織フーマの大帝王）なんだよ、ブラックファイダーのお洋服つけていただけだよ、本当はクビライ、神官ポーのお友だちだよ」とクビライになったふりをし始めます。Uがクビライになったのは初めてです（※クビライは絵本では玉座にいる大きな顔しか姿がでてきません）。そこでFも調子を合わせて「クビライ様、一緒にシャイダーをやっつけてしまいましょう」と言い、二人で目に見えないシャイダーをやっつけるふりで遊びます。

②その後、FとUが入浴することになります。Fが「今日、Uの頭を洗ってやるの？」などとMに尋ねていると、Uは「クビライは頭が大きいから、神官ポーさん、クビライの頭を洗うのは大変だねー」と神官ポーの仕事に同情してくれます。確かに絵本に出てくるクビライの顔は巨大です。Fが「どうしてクビライ様はそんなに頭が大きいの？」と尋ねると、Uは「お顔が大きいからだよ」と答えます。風呂の中でもこのごっこは続きます。Uが「神官ポーさん、悪いことって面白いねー」と猫撫で声で共感を求めてくるので、Fも「悪いことって面白いねー」と応じて、「でも、悪いってどんなこと？」と尋ねると、Uは「ガラスをたたいたり、冷蔵庫を壊したりする」と言います。Fが「そうだね、甘いお菓子をいっぱい食べたり」と追加すると、Uは「でも甘いお菓子をたくさん食べたら歯が痛くなるよ」とこだけやけにリアルなコメントです。悪いことと言っているのは、実際に叱られたりしたことではなく、Uの考え出したことです。

権利争いと平等意識：　三月一五日、朝食を準備中のMに、U（3: 9,21）がひっきりなしに話しかけています。FがMと会話を始めると、Uは「Uちゃんがお母さんとお話ししてるんだよ、お父さんはしゃべったらダメ」と言います。Fが、「だって、お母さんはお父さんのものだよ」と言うと、Uは「Uちゃんのものだよ」と反論します。FとUとでMの所有権をめぐって言い争っていると、Uが「そしたらUちゃんのお母さんはどこにいるの？」と泣きそうになって言います。そこでFとUとでMを共有することで仲良く手打ちにします。三月二一日、MとYは入浴中です。U（3：9,27）は先に上がって寝床の中にいます。布団の中でU（3：9,27）は「ダッコしてー」などとFに訴えるので、Fは換気扇の下でタバコを吸いつつ「タバコ吸い終わったら」と返事します。すると、Uは「お母さんがタバコ吸ったらダメなら、お父さんもタバコ吸ったらダメ、あやまんなさい！」と主張し始めます。Fが「ごめんなさい」と言いますが、Uは「そんなん言ってもダメ、タバコ吸ったらダメ」、Fが「どうして？」ときくと、Uは「お母さんがタバコ吸うのダメだったら、お父さんもタバコ吸ったらダメ」とあくまでも主張します。日頃Mが「タバコをやめたい」と言っているので、Fは自分のことを棚に置いて、Mがタバコを吸うとよく注意していたりします。Uはそのような Fの欺瞞、つまりダブルスタンダードを告発するようになってきています。平等性に関する意識（ある種の倫理）が存在しているといえるでしょう。3歳5ヶ月15日のUが、風呂に入りたがるFに「我慢しなさい」と言って、Fが「どうして？」と尋ねると、Uが「Uちゃんだって我慢するときあるんだよ」と言ったことをすでに紹介しました。この時にはすでに、権利の平等ではなく、心的負担や責務の平等性について意識が芽生えてきていたように思われます。

再帰的な構造の思考、メタ表象の能力

先にU（3; 9,21）が「お顔もみーんなY君と同じ赤ちゃんがまた生まれたら、お母さんは何て思う?」と仮想的推論が可能になっていると論じました。この台詞は「「お顔もみーんなY君と同じ赤ちゃんがまた生まれる」ことを、お母さんなんて思う」という、入れ子構造つまり「再帰的（recursive）な構造」をもっています。観察46でUが「僕はクビライなんだよ、ブラックファイダーのお洋服つけていただけだよ、本当はクビライ、神官ポーのお友だちだよ」というシーンがありました。Uは、今まで宇宙刑事ブラックファイダーの真似をしていたが、実は実体は悪者クビライがブラックファイダーの服を着て変装していたのだと告白したシーンです。Uは「ブラックファイダー」の「ふり」をしてFと遊んでいるのですが、その「ふり」は本当は「クビライ」の「ふり」だったと、「『ふり』のふり」をUが演じているのです。「『表象』の表象」とほぼ同じ構造だという意味で、「メタ表象」の能力を示していると言ってよいように思われます。また、それは入れ子構造つまり「再帰的（recursive）な構造」をもつ思考ともいえます。

三月一四日には、寝かしつけていたMと会話している際に、U（3; 9,20）は少し違った形

で、入れ子構造の「再帰的（recursive）な構造」をもつ思考を示しています。Uは自分がMのお腹の中にいたときのことをしゃべり、「どの穴から出てきたの？」などと尋ねます。Mが『仔犬が生まれるよ』の写真絵本のことを語り、「ああやって出てきたんだよ」と言っていると、Mがお腹を切るなどと言ったわけではないのに、「お腹を切るって、すごーく痛いんだろうね」などとMに同情します。また、Uは「お母さんがお腹の中にいたとき、Uちゃんはお母さんのお腹の中にいたの？」と尋ねたりもします。母親が「母親の母」のお腹の中にいたとき、赤ん坊である母親のお腹の中に「赤ん坊」であるUがいたかと尋ねているのです。まさにこのような構造が、入れ子構造であり、再帰的（recursive）な構造にほかなりません。Uは3歳10ヶ月4日にも、夢がどうやって生じるのか、「Uのお腹の中に夢が入り、UもUのお腹の中に入り、夢になる」とのロジックで説明しています（拙著『子どもと夢』〈Uの夢理論Ⅱa〉一八九頁）。これも同様の入れ子構造の思考といえるでしょう。

2　3歳10ヶ月のU：弟は目障り、不公平さで父を告発、自分の非は認めず

高尾へ里帰り、友との遊び少なく

3歳10ヶ月の時期は、3歳10ヶ月14日から3歳10ヶ月26日まで、UはMの実家（東京高尾）に帰省していたのであまり友だちと遊ぶ機会はありませんでした。実家に帰省する前の三月

二三日、U（3: 10,1）は一人で外へ、そして4歳のカナちゃんと遊んでいます。Mは「近頃のUは外ではいろいろな子どもと遊べるようになった。カナちゃんにはいじめられたり、意地悪されたりすることもあるが、一緒に遊ぶのが楽しいよう」と述べています。翌日も午後一人で外に出て、カナちゃんと少し遊んだようです。少ししてMも外に出ると、Uは「カナちゃんが面白いことして遊ぼうと言ってるのにいなくなっちゃった」とぷんぷん怒っています。行き違いが何かあったようです。三月三一日には、マヤ君がきてU（3: 10,9）は一時間半ほど一緒に遊んでいます。それがこの時期にいた友だちとの最後の遊びのようです。

弟はライバル、目障り

三月二八日、夕食後テレビアニメを見た後、FがU（3: 10,6）の「忍者ハットリくん」ごっこなどの遊び相手をしてやります。Fが四つ這いで馬になり背にUを乗せてやります。そして次に、Uを四つ這いにして、FがUの背にY（0: 11,28）を跨がらせてやります。Uが這うと、Yは声を立てて笑い大喜びします。このようなこともたまにはありますが、UにとってYは目障りなのです。

三月二三日、まずFとU（3: 10,1）が風呂から先に上がり、続いてMとY（0: 11,23）が入浴しています。FはUにパジャマを着せて布団に寝かせ、台所にいます。すると寝床のUが弱々しい声で「僕は誰かがいないと死む」「お父さんが（※浴室へ）Y君迎えに行ったら僕は死む」と言います。F「どうして?」と尋ねると、Uは「誰かがいないと死むんだよ」と言います。どこか演技的な雰囲気です。浴室のMからYを受け取りにFが脱衣場へ行くと、自分は一人ぼっちだと言いたいようです。

✎観察47 U(3歳10ヶ月3日) 夕方六時頃、Uは床の上に文字積み木を並べ「スキーするとこ」などと言い何かを作っています。Fはコタツ机の上に積み木で塔を作ります。Uは自分の積木作品にY(0;11,25)が近づいたと言っては、Yを押し倒したりします。そこで、FはYの注意をコタツ机上の塔に向けさせます。Yは喜んでやって来てFの作った積木の塔を倒します。何回目かYが壊したとき、積み木がUの作品の近くに転がってしまいます。Uはそれを怒りFをたたきます。またUは単に自分が失敗して積み木が壊れても、それはFやYのせいだと文句を言い、Fをたたきます。そうこうしていると、Fが四階建ての塔を作り、「Y君、ほら、ほら」と塔に注意を惹きつけても、Yは手を出さなくなってしまいます。どうもUが怒るので、積み木に触ってはいけないと思い抑制し始めたようです。Yは壊そうとしません。すると、代わりにUがやって来てFの作品を破壊します。UはFがYの相手をしているのが面白くないようです。

Yの方もUに対して萎縮しているだけではありません。MがUを叱ると、その尻馬に乗ってYもUを叱ります。座位のMが膝の上にY（0; 11,26）を抱いていると、U（3; 10,4）が「だっこ」と言いYを押しのけて、Mに胸を合わせるように膝の上にのりMにしがみつきます。Mが「Y君、悪いお兄さんだね」と言うと、Uの背につかまり立ちをするようにして、YはUの背をたたきます。同じ日、椅子に腰掛けたMが膝の上にY（0; 11,26）を抱いているときのことです。U（3; 10,4）が近くの温風機のコードを触り始めているので、Mがきつい声で「Uちゃんダメ、何遍言ったら分かるの、ダメって言ってるでしょ！」と注意するや、YもUの方を見つめて「エーッ」ときつい声を出し、片手を振り上げて、まるでたたくように振り下ろします。Mは「Y君もお兄ちゃん叱ったんやね」と言います。Yは1歳そこそこですが、YなりにUをライバルと感じているようです。

四月一〇日、高尾で宿泊している際の夜、Mが寝床でU（3; 10,19）とY（1; 0,11）の二人を抱き、「二人とも可愛い、かーさんの子どもよ」と言うと、Uは「たまには、Uちゃんだけ可愛いって言って欲しいなー」と言います。そこでMが「そうか、Uちゃんだけ可愛いよー」と言うと、Uは喜び大げさに「えー、Uちゃんだけ可愛いー」と言います。

父を挑発、父との戦いごっこは好き

四月一日、Fが書斎からダイニングへ行くや、U（3; 10,10）はFが換気扇の下でタバコを吸いに来たと思ったようです。食卓椅子に座っていたUはFを見つめて「自分はタバコを吸うのに、どうしておかーさんがタバコを吸ったらダメなんだ！！」とすごく怒った声で言います。そして「（※その理由を）教えてくれないと、戦うぞ！」と威張って宣言します。また、その三日後には、U（3;10,13）は「Uちゃんは、お父さんなんか大嫌い」「お父さんはテレビ見たらダメ」「お父さんは食べたらダメ」「お母さんの方が好き、だってお母さん女の子だもん」などとさんざん憎まれ口をきいて、Fを挑発します。Fが「そんなこと言うなら、やっつけちゃうぞ」と言うと、待ってましたとばかりに、Uはすぐにシャイダーのファイティングポーズをして、新聞紙を丸めた刀を手にしてFをたたきにきます。このような戦いごっこで、相手をして欲しいのです。高尾から戻って四日目の四月二一日のことです。Mは京都に戻ったらタバコをやめると言っていましたが、Mが換気扇の下でFのタバコを吸い始めます。それを見てFが「タバコ吸ったらダメだよ」などと言う度に、U（3;10,30）が必ず「どうしてお母さんがタバコ吸ったらダメなの、お父さんも吸ってるじゃんか」とFに抗議します。そして、僕はMの味方だよと言わんばかりに、「お母さん、お父さんがいないときタバコ吸ってもいいからね」とMに優しく言ったりします。

プライド、強情

Mの実家の高尾には叔母が飼っているマルチーズの犬（名前はチャック）がいます。四月八日、U（3;10,17）はすごい勢いでチャックを追いかけたり、食事をしているチャックに飛びかかる真似をしたり、さんざんちょっかいを出して、とうとうチャックに反撃され引っ掻かれて、泣くはめになります。吐きかけるほど泣き、小便も漏らしてしまうほどです。これはMが「チャックにそんなことしたらダメ、チャックも怖くて噛みつくよ」と言っていた矢先のことです。Mが「チャックにあんなこと、もうしたらダメ」と言うと、Uはヒックヒックしつつ「違うよ」と否定します。その後少し落ち着いてから、Mが「じゃあ何で泣いたの？」と尋ねると、Uはべそをかきつつも「気持ちが悪かったから」と言います。だから吐きそうになったのだと言いたいようです。Mに忠告されていたのに、チャックにかまい過ぎて、チャックにやられ泣く羽目になったとは、絶対に認めようとはしません。それを認めたら、プライドが傷つくと強く感じているようです。このUの「強情」は、観察19で紹介したY（3:0.30）の「強情」とはレベルが相当異なっています。後者では、Yは「バカー！バカー！」と言ったにもかかわらず、追及されると泣きわめき「言ってないもん！」と主張しています。これは客観的に観察可能な自分の行動を、そんな行動はしていないと「強情に」主張しているのです。Uの場合、チャックに引っ掻かれたという客観的な事実を否定したわけではありません。自分が泣いた理由は、「チャックに引っ掻かれた」からではないと否定しているのです。Mの「チャックにそんなことしたらダメ、チャックも怖くて噛みつくよ」ということばを、3歳0ヶ月のYのように合理に反し感情だけで拒否することはもう不可能なのです。なぜなら、Mのことばがより深く心に届くようになっているからです。ですから、母親には知覚不能な「気持ちが悪かった」という自分の内面の状態を切り札に用いて、自分の行動を合理化しているのです。Uは、自分のプライドを守ろうとしているのです。Yの強情は、プライドを守ると言うよりは、非難されたくないという、より単純な動機でなされています。同じく「3歳の危機」にみられる強情としても、この二つの強情にはかなり質的な相違がみられるようになっています。

3　3歳11ヶ月のU：鬱屈するエネルギーと攻撃性、母に甘え弟と奪い合う

消滅していく仲間関係

四月から、仲良しだったマヤ君は三年保育の幼稚園に通い始めました。一年上のカナちゃんも二年保育の幼稚園に通い始めます。Uは四月一七日に東京の高尾から戻ってから、団地の中でなかなか友だちと巡り会いません。

仲間集団での遊び：　四月二三日、久しぶりに団地の中の大公園砂場で、U（3：11,1）は久しぶりにマヤ君（3：11）と一緒になり遊びます。そこへ、マヤ君と同じ棟で同い年のシン君（Uは初対面です）もやってきます。砂場で三人で遊びに熱中しています。Mは Yを連れてスーパーに行くと言っても、Uは砂場で遊んでいたい様子です。Mが「ここで遊んどいてよ、遠くへ行ったらダメよ」と言って、買い物をして戻ってくると、砂場から三人の姿が消えて

います。団地内の公園などを探しますが、三人の姿が見つかりません。マヤ君の母親が、スーパーの駐車場で遊んでいる三人を見つけます。マヤ君やシン君は、車のボンネットの上にのったりしていたそうです。マヤ君の母親が三人を連れて戻ってきます。UはMに会う

「あっ、お母さんが心配していると思って、急いで帰って来たんだよ」と言います。やマヤ君の幼稚園はまだ慣らし保育で、団地で遊ぶ時間があります。次の日も、U（3: 11,2）は砂場でマヤ君と遊びます。途中からユウ君（同学年）、トモアキ君（一学年上）も来て、四人で遊びます。五月五日に、マヤ君が一人で遊びにきてくれます。四畳半を締め切って、U（3: 11,13）とマヤ君はプラレールで遊びます。この日は家の中で二人で三時間半も一緒に遊んでいます。しかし、これがマヤ君と長く遊ぶ最後になってしまいます。連休の間に、マヤ君一家は団地から別の所へ引っ越ししてしまったからです。四月二三日に、U（3: 11,1）とマヤ君とシン君の三人が、砂場から駐車場へ勝手に移動して遊んだときなどには、FもMも「いよいよ、Uも4歳が近くなり、友と一緒に親から離れて遠くで遊べるようになってきたようだ」と思ったのですが、期待どおりにはならず、むしろ逆になってしまいました。

いなくなっていく遊び友だち：　五月一一日、Mは「近所にU（3: 11,19）の友だちなかなかいない」と述べています。マヤ君とカナちゃんは幼稚園へ通うようになり、またマヤ君は団地から引っ越したこともあり、ほとんど遊べなくなってしまいます。歳が少し下のタイチ君（3: 4）はマヤ君ほどしゃべらないので、もう一つ遊びが発展しません。また、遊ぶ機会

もあまりありません。3～4歳ともなれば、自転車を持っている子どもが多く、みんな子ども同士で大公園に行き遊んでいるようです。Uにもはやく自転車を買ってやらねばと思い、買うことになりますが、それで事態が好転するわけではありません。Uには知らない子ばかりの離れたところにある大公園へ一人で行く勇気はありません。他児に「オマエなんかあっちに行け」などと言われると、まったく抵抗できないからです。そんなわけでUは友だちを見出せず、いささか体力をもてあまし気味です。

気になる仲間のまなざし： 五月一四日に、MとYとU（3：11,22）の三人で、同じ棟のタイチ君宅に遊びに行きます。Uが玩具のバットを口に当てて舐めたのを、タイチ君（3：4）に見られ、軽蔑した口調で「お前赤ちゃんか」と言われてしまいます。かつてUの真似ばかりしていたので、少し見下していたタイチ君にそのように言われたのは、相当こたえたようです。Mが「今日、タイチ君に言われたこと、お父さんに話してもいい？」と聞くと、Uは恥ずかしそうに「ダメー！」とMの口を手でふさぎます。Mがそのことを話題にしかけると、Uは「そのことは言わない」とMの口をふさぎに来ます。仲間にどのように見られるのか、Uにとってはきわめて重要なのです。五月一六日、U（5：11,24）は自転車を買ってもらいます。五月一八日、夕食の時、Mが「今日自転車乗ってて、U（5：11,26）がこけてすごく泣いたんよ、タイチ君など友だちの見てるところでは、あまり泣くまいとしていたけれど、家の中に入ったらワァーンとすごく泣いた」とFに報告します。泣くところは仲間に見られてはならないようです。その話を聞いて、FがUを見つめつつ「弱虫ジャスピオン君、君はエーンってすごく泣いたのか？」（※ジャスピオンはシャイダーの後の新TVヒーロー）と言うや、Uは「夢、夢だよ」と言います。この頃、Uは都合の悪い事実について言及されるとこのように「夢だよ」と言い打ち消すようになっています。「人はリアルな夢をみることがある」とよく分かったうえで、「夢だよ」と発言しているように思われます。Uの「心の理解」は相当進んでいるようです。

ライバルの弟と母親争奪戦

この時期、1歳を過ぎたYは自分がやろうと意図していることを妨害されると、すごく怒るようになっています。またUのしていることにはすごく関心をもち、同じモノをさわり模倣しようとすることもはっきりしてきます。YがUに嫉妬したり、「我」を示すこともはっきりし、YはますますUにとって邪魔な存在になっています。

Uの真似をし、意思のはっきりしてきた弟：　四月二六日、U（3：11,4）がトイレに行くと、Y（1：0,27）はその後を追って這い、Uがトイレから出て来るとトイレの中に入り込もうとします。そこでFが抱き上げると、ギャーエーンとすごく泣きわめきます。自分がやろうと意図していることを人に妨害されると、すごく怒るようになっています。Mも「Yが手にしているおもちゃをUが奪ったりしたときも、Yはすごく泣きわめきエーと怒ることが近頃ある」と言います。五月二日、Y（1：1,2）は持っていたモノをU（3：11,10）に奪われると、「イヤー」と手を振り回して抗議します。ボールを取られると、「ボー！」と言って泣きわめきます。

この日の夜、UとMとが布団の上で、「よーいどん」ででんぐり返りをすると、Yもキャッキャ言って、同じところで頭をつけてゴロンと横になったり真似をします。その翌日、FがY（1：1,3）を芝生に下ろすや、Yは葉っぱや草をちぎり「マンマ」と言い、Fを見つめすぐに自分の口に持っていき草を口の中に入れてしまいます。Fは「ダメ、マンマと違う」と口から出させますが、Yはすぐにまた「マンマ」と草や花を口に持っていきます。今までは、「マンマ」と言ってつかんでも、実際に口には入れずに「ぱくぱく」口を鳴らして食べる真似するだけですんでいたのに大きな変化です。これはMによると、三日ほど前に、Uが花をちぎり「マンマだよ、Y君」と花の蜜を吸って見せたのが原因です。それ以来、Yは花を見ては「マンマ」と言い本当に口に入れるようになったようです。UがYの一番のお手本であることがよく分かります。五月一二日の夜、FとU（3：11,20）がシャイダーごっこで、新聞紙を丸めた刀で戦います。Y（1：1,12）も這って近寄ってきます。そして、Uの叫ぶ声を真似るように大声で「エー！」と言ったりします。新聞紙の刀を与えると、Yはそれを手にして、Fをたたこうとするように振り回したりもします。YがUの真似をしようとしていることは、この時期非常にはっきりしてきます。

弟に対する攻撃の増加：　四月二六日、夕食後Mが換気扇下の丸椅子でタバコを吸っていると、U（3：11,4）がやってきて「ダッコ、ダッコ」と訴えてきます。Mが胸を合わせるようにしてUをダッコしてやると、高椅子のY（1：0,27）がそれを見て、椅子から降りようとしてMの方に手を伸ばし、ムズかり顔でMを見つめて「エーッ、エーッ」と訴え始めます。Mの側でYは「エーッ、エーッ」とムズかり訴えるので、Fが高椅子ごとMの近くに移動させます。高椅子から乗り出そうともがき訴えるので、MはYもUも膝の上に抱いてやります。Yは「どけ！」と言うようにUを手で押してムズかり声を出します。互いにライバルであることがUにもYにもはっきりしてきます。この頃のY（1：0,29）はうるさくなってきていますす。自分のつもりが通らないと反っくり返って怒ります。欲しいものが与えられず代替物を与えられると、それを放り出して怒ります。また行きたいところ（浴室とか）に行けないと、すごい声で泣きわめきます。押し入れのUの部屋に登れないときにもワーワーと怒ります。また、U（3：11,6）もY（1：0,29）に対して、攻撃的になっています。

✎**観察48**　U（3歳11ヶ月11日）　Mは畳の部屋で座位です。UはMに甘え、Mの膝の上に座ろうと甘えています。Mが「Uちゃん、もうやめてよ」と言いますが、Uは甘えすがりついています。Mの後方にいたY（1：1,3）は、床にあった文字積木の一枚を手にして何やら声を出して、Mの背につかまり立ちして、しきりにMに積木を差し出し手渡そう（見せよう）

とし始めています。Mは、うるさく甘えてくるUとやり合っているので、Yに気づきません。Uは「ダッコ」と訴え、Mに押されると「キャーキャー」と騒いでいます。このUの声を聞いて、ますますYはMの背後から積木を差し出そうと声も出して訴えますが、Mには届きません。Yは少しムズかりかけ、Mの左横へ回り込んでMに接近します。Mがようやく Yに気づき、Yを抱いてやろうとするや、座位のMに甘え寄りかかっていたUがYの指に噛みつきます。Yは「エーンエーン!!」とすさまじい声をあげて泣き始めます。MはUを叱りつけます。Uは「ごめんなさい」と言いつつ、泣き声を出すのをこらえながらも目から涙を流しています。

Yに対する攻撃的態度が目立ってきます。U(3:11,16)は何かと「これはUちゃんが先に見つけたんだよ」「Uちゃんが先にこれで遊ぼうと思ってたんだよ」などと言い、Y(1:1,8)の手にしかけていたおもちゃを取り上げたり、Yを手で押しのけたり、取り上げた後にもYをたたいたりいじめたりすることが多くなってきています。五月一二日、Mは「ここ一週間ほどの間に、UはYに対してすごく乱暴な感じになる。すごく攻撃的になる」と語っています。U(3:11,20)は、MがUを叱る口調でY(1:1,12)を叱ったり、Fに向かってきたりします。また、自分が悪いときでもすぐに、責任をFやMやYなどに転嫁するように言ったり、すごく乱暴です。

悪のパワー、攻撃性

Fとチャンバラや相撲をするのが大好きです。力強くぶつかってきます。自分のパワーに目覚めつつある感じがします。しかしそのくせ、転んだりしてすこし痛いと大げさにギャーッとすさまじい声をあげて泣きわめきます。Fが間違ってUの足を踏むと、すぐにUは「痛いじゃないか！」と怒り、Fが「ゴメン」と言っても、「ゴメンですむと思ってるのか」とFをたたいたりします。五月一一日（土）、Fが夜帰宅するや、Mが「Uと相手して遊んでやって、Uは力をもてあましている」「近頃力が強くなってきたので、Mが叱りたたいたりしても、Uはかえって Mに戦いを挑んできたりする。そうして戦いごっこの遊びに転化してしまおうとする」と訴えます。そこで、Fは戦いごっこで一時間ほどUの相手をしてやります。五月一二日（日）、五月一三日（月）の二日間、Fが心してUの相手をよくしてやったためか、Uの攻撃性は少し減ります。FとUとは、すごく仲良しの雰囲気になります。また、同時に、Yとの関係も良好になります。友だちと遊ぶことが減ったり、FやMに相手してもらうことが減ると、Uの攻撃性が目に見えて増えるように思います。「ウンコ」「オシッコ」「バカ」といった悪態語を言うようになっています。悪の攻撃的パワーが身体の中から湧いてきつつあるように感じます。

弟に対する仕返しは正当化されるか、高度な仮想的推論

五月一八日、U（3：11,26）は「Y君がUちゃんのこと意地悪して、Uちゃん一人でオミカン食べたら、Y君どう言うかしら？」とMに尋ねます。Mによれば、二〜三日前からこのような台詞を繰り返しているようです。UはYがミカンが大好きなのはよく知っています。つまり、もし「YがUに意地悪をする」ならば、「Uが仕返しをしてよい」はず。そこで、「Yの大好きなミカンがある」と仮定し、Uが仕返しにもし「そのミカンをYには与えず、U一人で食べてしまう」としたら、「Yはどう思うだろうか」と尋ねているのです。五月ですからミカンはありません。ここにはいくつもの仮定と推論があります。しかし、それは反事実的推論（Goldberg, 2005）ではありません。ここで問題になっているのは、過去の行為についての反省や後悔ではなく、未来の行為についてのシミュレーションです。弟の指を噛む（観察48）のがまずいとすれば、どのような「仕返し」が正当でしかも効果的なのか、仮想状況をイメージしシミュレーションしているのです。弟との切実な母親争奪戦が、Uをこのような思索に向かわせているといえるでしょう。

空想する自由、想像の翼を羽ばたかせる

Uは3歳7ヶ月頃から、夜寝しなや、昼寝の時や、朝布団の中で一人で空想話を楽しむようになっています。きっかけは、テレビの『すばらしい世界旅行』で「アマゾンの裸族」の

特集が数回あったのを見たことです。「裸ん坊の人たちがパンツを脱いで……」などとブツブツ話しています。二月八日、U（3: 8.17）が朝うつぶせで起きてこないので、Mが何をしてるのかと尋ねると、Uは「裸ん坊のひとたちのお話をしてるんだよー」「でも気持ち悪いの」「包丁で切られたり、放り投げられたりするんだもの」「それからフライパンで焼かれたりするの」など語っています。その後、話の内容を聞いたFが「かわいそうじゃない？」と言うと、Uは「でも、お話だから、Uちゃん一人の考えだからだいじょーぶ」と答えています。ところが、四月三〇日に、Mは「近頃布団にもぐって「裸ん坊のお話」を声を出して一人でブツブツ言い空想していることがまったくない、黙って布団を被ったりしていることはあるのだけれど、」と語っています。どうもこの時期には、Uは声を出さずに空想イメージを浮かべられるようになったようです。五月一八日、Mが夜添い寝して創作話「Uちゃんとピッピちゃんが、裸ん坊の人たちのいる島へ行った」話をしてやります。これを聞き終わって、U（3: 11.26）が「裸ん坊の人のお話がしたくなっちゃった」と言うので、Mが「じゃあ、したらいいよ」と言うと、Uは布団の中で声を出さずに裸ん坊の話をイメージし始めています。この例からも分かるように、この時期にはUが声を出さずに頭の中だけで創作イメージ話が可能になっていたことは確実です。

弟というライバルの存在によるストレスや、イメージを共有し合える友だちがいなくなったことや、憧れる年長児のいるような仲間集団には遭遇できていないことなどを、Uは持ち前のイメージ力で、想像の翼を羽ばたかせて代償していたようにも思えます。四月二九日、夜の七時過ぎに、（子どもの声を録音しようと）Ｆは電気を消し真っ暗な四畳半に寝転がります。Ｙは汽車の玩具を手にしています。Ｕ（3: 11,7）は最初「おばけだぞ」とＦを脅したりしていましたが、そのうち、Ｕは「ここはお外、お外が真っ暗で、ここも真っ暗だから、ここはお外」と言い、ＦとＹとＵの三人は「虫さん」だと言う。夜の草原に三匹の虫がこうやっているのだとイメージを膨らませています。現実世界で壁にぶつかると、より空想の翼が羽ばたくようになるのでしょう。次男Ｙは少なくとも3歳の時には、このように空想にふける様子はまったくありませんでした。Ｙの場合は、年上の子どもたちに取り囲まれて、現実世界に対応するのに必死であったように思います。ヒトの3歳児がたどってきた歴史を考えると、Ｙの方が標準に近かったといえるでしょう。

2 第4期（弟・Ｙ）：兄と対等に遊ぶ、周りが見えてくる

［弟（3; 9）～（3; 11）兄（6; 7,8）～（6; 10,7）］

Ｕが友だちの家へ遊びにいってしまい、Ｙ（3: 0,1）が「寂しいからネンネしてるの」と横になり眠りそうになっていることがありました。そこで、Ｆは不憫に思い「Ｙ君、戦いごっこしよう」と誘います。ところが、戦いごっこの最中に、Ｙは「面白くないなー、面白くないなー」と言い始めてしまいます。3歳の長男Ｕが、どれほどＦに遊び相手をして欲しが

ったかを考えると、これはFにとってショックでした。Yにとって外の世界へつながるパイプは、父親ではなく兄貴なのです。Yは、Uが望んでも得られなかった豊かな仲間世界の中で、４歳を迎えていくことになります。

1　３歳９ヶ月のY：兄や友を気遣う、親の注意は聞き流し、兄の真似で生きる

仲間との遊び

季節は正月です。YはU（6; 7）や従弟のノリ君（6; 11）、サラ君（6; 2）、ノコちゃん（3; 8）の五人でにぎやかに遊んでいます。年度はじめからYの遊びは充実しています。

同い年の友だちはすべて女の子：　一月四日に奈良の自宅に戻ってからは、イチ君（6; 0）と妹のチカちゃん（3歳）の二人が四日連続して遊びに来ています。四人でビックリマンシールを見ることから始まって、その後はUとイチ君、Yとチカちゃんに分かれて遊ぶパターンになります。Yとチカちゃんは、ヌイグルミやウサギの毛皮などでお医者さんごっこのようなことをして遊ぶこともあります。この四日以外にも、UとYが外へ遊びに行き、イチ君とチカちゃんと出会い、合流して四人で遊ぶことも複数回あります。一月二二日、ミクちゃん（3; 9）が遊びに来て、Yと二人で実に仲良く遊んでいます。Y（3; 9,23）のレゴ作品をミクちゃんは「これY君作ったの？」と感心してくれたりします。一月二九日午前中にミクち

ゃんが遊びに来ます。Mが外で遊ぶように言い、Y（3：9,30）とミクちゃんとが外に出ると、それを見てチカちゃんも家から出てきて、三人で遊んでいます。この日の午後は、Uとカズ君（6：1）のペア、Yとミクちゃんのペアに分かれて遊んでいます。ミクちゃんとチカちゃん以外にも、Yは「仲よし広場」（※入園前の幼児のための遊びの会）で一緒のハルちゃん（3：9）とも遊んでいます。一月二〇日、Y（3：9,21）が「Y君またハルちゃんのウチでブランコしたいなー」と言うので、Mと二人でハルちゃんの家へ遊びに行き、ハルちゃんと相撲をしたり、姉のハナちゃんやMも加えてカードゲームをしたりして楽しく遊んでいます。よほど楽しかったのか、Yは「今度はY君のウチにも来て欲しい」と言って帰っています。同輩の女の子と遊ぶときには、ビックリマンシールを媒介にせず、子どもらしい遊びで楽しんでいます。

年上の男の子たちとの遊び：この時期、UとYとは二人だけだと友だち的に遊べるようになっています。ただし、Uの友だちが遊びに来ると、まだ十分に対等な仲間とは言えません。家に遊びに来る常連は、タケ君、イチ君、カズ君の三人です。タケ君は複数の習い事をしているので、その空いた時間に息抜きに毎日と言ってよいほど遊びに来ます。しかし、ゆっくり遊ぶ時間がなく帰ることが多いので遊び仲間として少し中途半端です。またタケ君とカズ君は、外遊びが嫌いで、いろいろな理屈を言って家の中で遊びたがります。Uやイチ君は、ビックリマンシール熱が一時よりは冷めて、（親に言われずに）自分たちから外遊びに行くこともありますが、まだビックリマンシールを媒介にした交流も廃れてはいません。この時期には、今まであまりそのような交流に参加できていなかったタケ君やアミ君もビックリマンシール帳を手にして遊びに来るようになっています。Yのビックリマンシールへの情熱は、衰えることなく続いています。Yにとって、自分のビックリマンシール帳は、家の中でも外でも、年上の仲間と交流する際の大切な基本的アイテムです。

一月一六日には、U（6：7,25）とY（3：9,17）とタケ君（5：9）が外遊びに出たところ、タケ君の兄の友だちの山田兄弟（小三と小一）がビックリマンシール帳を手にしているのに出会い、UとYはあわてて家にシール帳を取りに戻り、外でシール交換の交渉をしています。Uは損得に敏感で、絶対に得な交換しかしないので、すぐに交渉が終結しています。Uは「僕のと交換してくれへんもん」とぼやきますが、これは自業自得です。UはYをその場に置いて、そこにいたミヤ君と家に戻ってきます。しかし、Uがいなくても、Yは交換の交渉を継続します。そして、まず山田兄（小三）と自分の「ヤマト爆神」（「ヘッド」で一番人気）のシールを、山田兄の「魔スターP」（「ヘッド」だが二番人気）と交換します。次に、手に入れた「魔スターP」を山田弟（小一）の持っている「野聖エルサM」（「ヘッド」だが三番人気）と交換します。ビックリマンシールの流通している価値判断からすれば、Yは損な交換ばかりをしている（※「ヘッド」と「ヘッド」の交換というバランスは考えています）ことになりますが、Yにすれば年上の小学生のお兄さん二人と対等な交渉を行ったわけですから、気持ちは晴れ晴れ、鼻高々だったのだと思います。それだけに、いっそうUは「僕のと交換してくれへんもん」とぼやくことになるのです。

Yの愛他的精神、友だちや兄のための贈与

その後、同じ日、Yは自分に自信がついてきたのか、実にかっこいい台詞を吐くようになっています。年上の子どもたちの贈与の不公平に関して最年少のYが勇気ある発言をしています。

✎観察49　Y（3歳9ヶ月17日）　三時三〇分、ミヤ君（年長）、イチ君（年長）、サク君（年長）、カズ君（年長）、タケ君（年中）、UとYの七人の大集団が家にやって来ます。シール帳を持って来ているのはイチ君とタケ君とカズ君の三人です。もちろんUとYにはシール帳がありません。みんなでビックリマンシール帳を見て、どのシールが強い、○○のシールはどうのこうの、もし△△シールが当たったら□□と交換してくれるかと、また◇◇シールがダブったら俺にくれるかなど実ににぎやかです。その後、ようやくビックリマンシールの話題から外れ、子どもたちは、木のコマを見つけて回したり、ゴムの跳ねる半球を跳ばし合いっこをしたりして遊びます。このゴムの半球をミヤ君とイチ君の二人が欲しがり始め、Uが「じゃあ、ジャンケンで勝った方にあげる」と言い、ジャンケンが始まります。結局ミヤ君が勝って、U

からゴムの半球をもらうことになります。負けたイチ君は「もう一個ない？　あったらちょうだい」とUに訴えています。この間、サク君は帰宅し、残り六人は、U、イチ君、ミヤ君の年長児三人と、カズ君（年長）、タケ君（年中）、Yの三人の二グループに分かれています。Yは、カズ君（6；0）とシール交換をしたりしていたのですが、イチ君がUに「ちょうだい」などと言っているのを耳にして、急に勇気ある発言をします。「君たち（※イチ君やミヤ君のこと）、なんかもらってるやろう、カズ君だけなにかもらってないやんか」と宣言し、Yは自分のシール帳から「ハリマ王の伝説」のシールを一枚出して、みんなの見ている前でカズ君にプレゼントします。Yがこのように言うや、タケ君（5；9）が「僕も何ももらってないで」と言うので、Yはタケ君にも「ビックリマン」の偽シール（※ロッテの文字がないシール）をプレゼントします。年長児たちがピラニアのようにYに群がってはまずいと思い、FとMが「Y君、すぐに人にあげたらアカンで」と注意します。するとUが大声で「返したって、そうせなY君のシール全部なくなってしまう！」と叫び始めます。Mが「もう、あげたのはいいの、Y君もうあげたらアカンで」と言います。

Yにとって年上の子に「贈与」することは、きわめて重要な社会的活動だったのです。それを十分理解せず、FやMはYに小市民的な所有意識を身につけて欲しいと願っています。その願いどおり、長男のUは計算高い優秀なビックリマンシール収集者（守銭奴）に育っています。Uにとって、隣の芝生は青く、他人の利益は自分の損失なのです。

ビックリマンで泣く兄のケア：　月曜日はビックリマンチョコが入荷する日です。毎週買って、UとYにビックリマンチョコを一個ずつ与えています。一月一一日（月）、チョコを開けるとYは初めて「ヘッド」のシール「ヤマト爆神」が当たります。Y（3: 9,12）は大喜びです。園から帰宅したU（6: 7,20）は、Yに「ヤマト爆神」が当たったと聞くや、ポロポロ涙を流し泣き始めます。自分のチョコを開ける気力もなくなり、その後一五分間以上も涙が止まりません。一月一五日、U（6: 7,24）とY（3: 9,16）にビックリマンチョコを特別に二個ずつ与えます。Yは「悪魔」シールと「天使」（※「ヘッド」の次の位）シールでした。Uは二枚とも「悪魔」と分かるや「ヒィーン」とまたも泣き出しそうな不満声をあげます。その声を聞くやUに同情し、Yは「Uちゃん交換したげる」と言い、自分の「天使」のシールを、Uの「悪魔」のシールと交換します。Yが大切にしているのは、シールそれ自体ではなく、シールを通じた仲間とのコミュニケーションです。せっかく手に入れた「ヘッド」、五日後には前述したように小学生の山田兄弟と交換してしまっています。

UとYは仲が良い、YはUの真似

一月一日、芦屋のFの実家から西宮神社まで徒歩で初詣に行きます。車の通る道でも、Y

(3: 9,2) はFの手をふりほどき、Uの後を追おうとします。Yは自分で車が来ないか否かなど、危険をまったく判断せずにUの後を追ったりするので目が離せません。Yはすこぶる元気ですが、調子乗りで、FやMの指示や注意が耳に入らず、なかなか言うことを聞きません。一月四日、Y (3: 9,5) はU (6: 7,13) を尊敬してモデルにしています。Uとじゃれあって遊ぶのが一番楽しそうです。FとUとYの三人で近くの公園の螺旋滑り台で遊びますが、Yはすごく生き生きとして楽しそうに遊びます。UとYと二人ですこぶる遊べるようになっています。ソファーから跳び降りたり、隙間に入り、上からのしかかったりなど、じゃれあって遊びます。芦屋から奈良の自宅に戻ってからも、UとYとはすごく仲がよく、まるで友だち同士のようです。YもUに実によくしゃべりかけています。ただし、親友のイチ君やミヤ君がいると、UはYを捨て自分の友だちを選びます。Uとイチ君が遊び、取り残されたカズ君、タケ君、Yの三人が一緒に遊ぶことも少なくありません。とはいえ、Uはカズ君やタケ君などが相手の時は、Yがいないと面白くないと思っているようです。

親に注意されたことを何度も繰り返す：　一月九日、近くのスーパーの家具売り場に行った際、U (6: 7,18) とY (3: 9,10) は家具売り場の中で走り回り、「キャーキャー」言って追い掛け合いやかくれんぼをしたりします。Fが何度か叱っても、二人は店員の人が働いている側でも騒ぎます。家具を買い終わってから、Fは二人を叱ります。Yは何を叱られているのか、あまりよく分かっていないようです。Fが「もう『ハリマ王の伝説』(※シールつき菓子）なしにしようか」と言うや、Yはワァーンと泣き出します。Fが「何が悪かったたか、分かっているか？」とYに尋ねると、Yは「暴れたから」と言います。Fが「それだけ？　暴れるって？」とさらに尋ねると、Yは目を上に向けて白黒させておちょけるようにして「ケンカしたから」と言います。Fが「ちゃんと分かってないなー、『ハリマ王』やめとこか」と言うや、再びワァーンと泣きわめき、またもらえそうな雰囲気と感じるとぴたりと泣きやみます。

一月一七日、この日U（6：7,26）とY（3：9,18）の二人は注意されることをまたすぐに繰り返します。「和室八畳で暴れない」「シールをばらまいたりしない」「すぐにひとの頭をたたいたりしない」「部屋のドアにぶら下がらない」などを何度も注意しますが、とりわけ、Yは注意しても分かっているのか分かっていないのかが分かりません。Yは実質的な損得がなければ平気なような顔をしています。「〇〇したらダメ」などと言ってもYは聞かず、平気な顔で注意されたことを繰り返します。それに、怒られたら泣けば良いと思っている様子もあります。また、意味が分からなくても「ビックリマン取り上げる」と脅されると、泣いて、とりあえず〇〇をやめるのが得策」と思っているようです。自分で考え、自分で判断しようとしていません。Yは、とにかくUの真似さえしていれば無難で、すべて幸せという調子です。「兄貴が手本だ、兄貴の後をついていっただけだ、良いか悪いかなど兄貴に聞いてくれ」というところでしょうか。ですから、MがUを怒って「するな！」と叱ったばかりのことを、

Yがすぐさま繰り返し、よけいに怒られたりもします。Yのトンチンカンの原因は「背伸びしての分かったふり」と「Uの模倣」にあるように思われます。

他者の思考や感情を踏まえたうえで思考する力

考えずにUの後をついて雰囲気に流され行動しているときは、Yはいかにも軽薄でトンチンカンなのですが、考える力が育ってきていないわけではありません。自分以外の人も、それぞれに感じ考えていることをこの時期のYは、すでに理解しているように思われます。

一月一日、Fの実家に宿泊している夜の寝床で、Y（3：9,2）は布団に潜り、「お母さん、もぐったらさー、なーんか、自分のうちみたいな感じしない？」と言います。奈良の自分の家の布団の中にいるような感じがすると言いたいようです。するとU（6：7,10）が「うん、Uちゃんも今度は芦屋じゃなくって、自分のうちが懐かしくなってきた」と言います。奈良に戻ってからの一月六日には、寝床でY（3：9,7）が「Uちゃん目つぶってみて、何か色がするで」と言うので、Uも目をつぶります。Yが「何色？」と尋ねると、Uが「赤紫」と答えます。二人は連想する感情や、内的なイメージの知覚について会話が可能になっているといえるでしょう。

仮想的推論による思考：　観察37で3歳8ヶ月のUが「お母さん、Y君が死んじゃったらどうする？」「だけど、Y君と同じ顔の赤ちゃんがまた生まれたらば？」などと仮想的推論が可能になり始めていることを紹介しました。3歳9ヶ月になったYもさまざまな形で仮想的推論をすることが可能になりつつあります。

観察50　Y（3歳9ヶ月10日）　一月九日、Fは疲れて横になっています。三階から一階の郵便受けに夕刊を取りに行くのが面倒なので、「Y君新聞取ってきてくれる?」と頼みます。Yは「ハーイ」と言い、Mに「お母さん、チューしてくれる?」と尋ねます。Mは「いいよ」と答えます（この頃YはMが頬にチューしてあげると言うと喜んで新聞を取りに行きます）。Yがドアから出ようとすると、タケ君が自分のおやつを持って遊びにきます（※おやつは家で食べておいでと言ってあるのですが）。食卓でタケ君がおやつを食べ始めているので、再度Fが「新聞取ってきて」と言いますが、Yは動きません。Mが「お父さんが新聞取ってきてって」と言うと、Yは「わられる（笑われる）し」「お友だちがきたもん」と言います。Mが「お母さんにチューしてもらったら、友だちに笑われるってこと?」と尋ねると、「ウン」と答えます。

Yは「もし、夕刊を取ってきて、ご褒美にお母さんにチューされたら……」と仮想的推論が可能になっているようです。一月二七日、寝しなにシール交換のことを話していると、Y（3；9,28）が急にワァーンと声を張り上げ泣き出します。その側で、Mが「このようにすぐ泣くのは、Y君、風邪ひいてるからや、調子悪いからすぐ泣くんや」とFに説明します。明くる日の朝のことです。Y（3：9,29）が「お母さん遊んでー」とせがみます。Mが「遊んであげたいけど、お母さんいろいろお仕事あって、なかなか遊べへんよ、そしたらY君泣いちゃう？」というと、Yは「でも、泣いたらお母さんに風邪ひいたって言われちゃうしー」と言います。これも「もし、泣いたら、……って言われる」という、昨夜の出来事を一般化したうえでの仮想的推論といえるでしょう。

他者を諭す力、正義や思いやりの力：　何が正しいのか、正しくないのか、Yなりに判断できるようになってきています。Y（3：9,13）は、食事の時Mが横に拡げた文庫本に目を通していると、「お母さん、ご本見て食べたらダメなんだよ」と言います。するとU（6：7,21）が「Y君はまだ何も知らないのに、よく知らないことが一杯あるのに、どーしてそんなこと大人に言うの？」とその落ち着いた物言いに驚いています。

✎観察51　Y（3歳9ヶ月19日）　夕食中です。Mが、（※親に内緒で）Uが団地の外に遊びに行ったのではないかと、口を尖らせUに詰問しています。Uの返事が要領を得ないからです。Fが茶化して「お母さんはピーマンやから」「分からないとすぐ口とんがらして文句言うから」と言うと、UはFと顔を見合わせて声をあげて笑います。すると、YはMの顔を見て、「お父さんぶってくる」とMに言い、Fのところに来て、ポカポカとFの顔まで殴ります。

Fは「Y君、人の顔たたいたらあかん」と言っている間に、YはMの横の席に戻ります。Fが正面のYを見つめて「あいつはピーマンの味方や」と言うや、Yは「僕は誰の味方でもない」と言います。Mが「かっこいいー！」と褒め、「今日予防注射でも泣かなかったしすごく大人になった、しゃべることも今みたいにすごくしっかりしてきた」とFに語ります。その後、Y一人がまだ食べていて、Fは食器を片付けたりしています。すると、Yは横のMに内緒声で「Y君誰の味方でもないと言ったの、あれは嘘だよ、Y君お母さんの味方だよ」（※再帰的な構造の文）とささやいています。Yも食事が終わってしばらくして、Yは「お父さんをたたいてやる！」とFを再びたたこうとします。Mが「何もしない人をたたいたらダメだよ」と注意すると、Yは「だって、お母さんのことピーマンって言った」と抗弁します。

一月二一日の朝、Mが「Y君は月に一度（※保護者参観でMと一緒に）幼稚園に行ってるね、今日も行けるよ」など話していると、Uが「Uちゃんは、Y君の行ってるとこに行ったことがない」（※Yは週一で入園前の子どもたちの「仲よし広場」に通っています）、「UちゃんのとこはY君行ってるのに、UちゃんはY君とこ行ってへん！」と口を尖らし不平を言います。すると、Yは「そやけどねー、そやけどねー、Uちゃん、幼稚園の練習だよ（※「仲よし広場」は）」と言います。これは、Uの立場に立って、Uにその願望（小さい子の遊び広場へ行きたがる）の不自然さに気づいて欲しいと願っている台詞に感じられます。Yはいろいろ人の気持ちを気遣うようになっています。一月二四日、YとUが通っている絵画教室にMが迎えに行くや、Y（3: 9.25）は「お母さん、寒かった?」と尋ねています。この日の夕方、Mが疲れてコタツで寝転がっていると、U（6: 8.2）とYはMにしなだれかかったりするので、Mが「のっからないで！」と言ったりしています。Fも見かねて「お母さんしんどいから、あっち行って遊び」と二〜三度注意します。二人はなかなかMから離れませんでしたが、Yが「Uちゃん、あっちに行こう、そしたらお母さん元気になるかもしれへん」と言い、ようやく二人はMから離れます。6歳の兄ではなく、3歳の弟がこのような台詞を言うのが不思議な感じもします。

2　3歳10ヶ月のY：自分の夢を語ったり、母は誰から生まれたか尋ねる

外遊びでなければみんな友だち

この時期Yは、Uの友だちイチ君、カズ君、ミヤ君、アミ君（小二）、ドン君（小一）などを、自分の遊び仲間だと感じています。特にビックリマンシールや「ネクロスの要塞」の人形（※菓子の付録のゴム人形）の交換や見せ合いっこや、それらに関するコミュニケーションであれば、Y自身も自分で十分一人前のメンバーだと思っていると言ってよいでしょう。外遊びに関しても、Uたちが外に行くと、Yも必ずついて行き参加しようとします。野球やサ

ッカーなどは仲間に入れてもらえないのですが、側の滑り台の上に登ったりして、Uたち年長者の遊びを見学するのを常としています。外遊びの時、仲間に入れてもらえることはほとんどないのですが、それでも、この時期、年長の子どもの仲間に入れてもらえることが少しずつ増えてきています。また、友だちと遊ぶために、Y一人で外へ出ることができるようになっています。UとYは、二人だけだとケンカやトラブルはほとんどなく、実によく遊べるようになっています。同い年のミクちゃんとは、3歳10ヶ月代の一ヶ月間で、計一〇回弱一緒に仲良く遊んでいます。一番の親友ですが、兄やその友だちがいると、Yは必ず男組の方を選びます。

二月七日、カズ君（6: 1）、イチ君（6: 0）、イチ君の妹チカちゃん（3歳）、ミクちゃん（3: 10）の四人が遊びに来ます。はじめはU（6: 8,16）とY（3: 10,8）を含め六人とも子ども部屋にいたのですが、そのうち、Uとイチ君とカズ君の三人が、和室で取っ組み合いなどして暴れ始めます。そこでFは年長の三人を外へ追い出します。3歳児グループには「家の中で遊んどき」と言いますが、Yは兄たちについて外に出るつもりです。Y、ミクちゃん、チカちゃんの三人が玄関で靴を履いているので、Fが「みんな3歳やな」と言うや、Yが「僕が一番お兄さん」と言います（※生年月日でYがわずかに上です）。Fが「そやな、でもみんな3歳やで」と言うと、Yが「なんでって、僕が一番背が高い」と言います。するとチカちゃんが「私三番」、ミクちゃんも「ミクも三番」と言います。Yが「縄とび」と言うので、Fが縄とびの紐を与えてやり、3歳児三人も外へ出て行きます。団地の家から出たすぐのところで、Uたち年長の三人は野球ごっこ（一人見物役、一人バッター、一人ピッチャー）で遊んでいます。Yとミクちゃんが滑り台の上で、3歳の三人組は、その近くの滑り台のところで遊んでいます。Yが縄とびの紐を下に垂らして、チカちゃんが引っ張り、Yは「引っ張ったらダメ！」などと言っています。その後、四〇分ほどして、3歳児三人組が家に戻ってきます。

観察52　Y（3歳10ヶ月8日）　Y、ミクちゃん、チカちゃんの三人は子ども部屋です。トラブルが発生している声がするので、Fが行くと、うつぶせのチカちゃんの背中にYが跨がっています。Fが「Y君乗ったらダメ！」と注意すると、Yが「取ったもん！！」と言います。Yが宝物にしている鏡のついたキーホルダーを、チカちゃんが奪ったとのことです。Fが「チカちゃん、それY君の宝物やから取ったらダメやで、Y君、でもチカちゃんに貸したげや」と言います。Yがチカちゃんからキーホルダーを取り上げるや、チカちゃんはポカリとYの頭をたたきます。一〇分もしないうちにまた子ども部屋でトラブル発生の声がします。後から分かったことですが、ミクちゃんがYからもらった五センチほどの白いプラスティック製の汽車を、どうもチカちゃんが奪おうとしたのが原因のようです。事件発生までの状況は、すべて後のYの談話によります。それによると、プラスティック製汽車をミクちゃんとチカちゃんの二人が欲しがったので、Yが「背の高い方と違う方にあげる」と言ったのだそうです。すると、チカちゃんも、ミクちゃんも「私！」や「ミクちゃん！」などと主張します。Yは「チカちゃんの方が大きいで」と言いますが、チカちゃんもミクちゃんも「私の方がちっちゃい」と主張します。そこでYが「じゃあ、鏡見よう、鏡見たら分かるで」と言い、三人で姿見のある和室に行き鏡を見ます。その結果、ミクちゃんの背が一番低いことが分かり、Yはミクちゃんに汽車を手渡します。これがYの語った事件前の状況です。この結果に不満に思ったチカちゃんが、ミクちゃんから汽車を奪おうとしたのがトラブルのようです。Mが「すぐケンカするのは誰かな？」とダイニングから子ども部屋に声をかけると、ミクちゃんが「チカちゃん！」と言います。すると、チカちゃんがミクちゃんの頭をポカリとたたきます。すぐに、ミクちゃんが手にしているプラスティック製の汽車でチカちゃんの頭をコチンとたたき返します。チカちゃんは「ワァーン」と大声で泣き出します。Fは子ども部屋のドアを開けて介入し、「痛いの痛いのとんでけー、チカちゃん強い」と慰め、「ミクちゃんも、モノでたたいたらアカンでー」と注意します。五分ほどして、先にミクちゃんが帰ることになります。玄関へ見送りに来たYがミクちゃんに先ほどの白い汽車を手渡そうとすると、ミクちゃんは「ミクは男の子と違うから……」と受け取るのを断って「Y君、ミクのお誕生日に来てね」と言って帰って行きます。ミクちゃんはモノではなくYの好意を守ろうとしていたようです。

以上は、夕食の時にFが尋ね、Yが語ったことによります。Yが実に上手に過去の出来事を叙述するのにFは感心します。エピソード記憶がもてるようになったようです。

Yの拒否・ダダコネ・反抗はない

この時期にYの拒否癖やダダコネや反抗などはみられていません。親とトランプを用いた、「ジジ抜き」や「神経衰弱」や「戦争」などのカードゲームで遊べるようになっています。また、大人が相手をしなくても、Yは一人で、レゴやダイヤブロックジュニアで作品を作ったり、絵を描いたりして実におとなしく遊ぶこともできます。また、ビックリマンチョコでも、自分がすでに持っているシールと同じ「悪魔」が当たっても、Uのように泣いたりわめいたりせず受けとめることができます。また、家で一人で留守番をすることが、6歳の兄のUはできないのですが、Yはできます。二月五日、MがUを園に送るため、Y（3：10,6）を一人で留守番させますが、Yはまったく平気です。五分ほどして戻ってくると、YはMの姿を見て「おかーさん、Y君、お母さんのこと心配してたんだよ」と言います。

拡がる思考、なぜ自分の食器だけ違うのか

3歳10ヶ月代のYがいろいろものを考えるようになってきたと感じさせることは、いくつもありました。観察52で、Yが「背の高い方と違う方にあげる」と言ったり、「じゃあ、鏡

見よう、鏡見たら分かるで」と言ったりしたというエピソードを語っていることからもそれが分かります。二月一日、四人での昼食の際に、Y（3：10,2）は初めて自分の茶碗だけが小さく、しかもプラスティック製（動物や汽車の絵が描かれています）であることに気づきます。Uのご飯茶碗は少し小さいが、FやMと同じ瀬戸物です。関連する話をしていたわけではありません。Yが急に「おかーさん　Y君ちーちゃいとき、こんなのイイってゆ（言）った？」「こんなのヤダってゆ（言）ったよ」と言い出し始めます。Yはふと自分の茶碗だけがみなと違うことに気づき、それはなぜかと自問したようなのです。「小さいときこんな茶碗を使いたいと自分が言ったのか」「そんな覚えはない」「それどころか、きっとイヤと言っていたはずだ」「それなのになぜ、自分の茶碗だけみんなと違うのか？」と考えたようです。ここには、家族のメンバーとしての対等意識や、持続する自己の同一性の意識などをかいま見ることができます。

今日何の夢を見たのだろう？：Yはこの時期、よく自分の見た夢について語るようになっています。思い出して詳しく語ろうとしたりもする様子もみられます。FがY（3：10,13）に「Y君、夢ってどうしてみるの？」と尋ねると、Yは「目」と言い、人差し指で自分の目を押さえています。Fが「夢って、目でどうするの？」とさらに尋ねると、Yは「寝たらできる」「パッと寝たら、夢が出てくるでー、出たときある」と答えています。また、Y（3：10,19）は「お母さん、どんな夢見たん？」「Uちゃんどんな夢見た？」と尋ねたりするようにもなっています。Y（3：10,26）は自分のみた夢の話をMに言い、そして「後からおとーさんにも教えてあげてね」などと、自分の夢をメタ的な視点で再帰的にとらえていることを示しています。Y（3：10,28）は、朝食を一人で食べつつ「Y君何の夢見たかなー？　Y君何の夢見たかなー？」と一人でブツブツ言っています。一人で想起しようと努力しています。自己を反省する力が生まれてきているともいえるでしょう。

お母さんは誰から生まれたの？：　二月二九日、昼食の時、Y（3：10,30）が自分から「おかーさんは誰から生まれてきたの？」とMに尋ねます。Mが「誰だと思う？」と聞き返すと、Yは内緒声で「あ、し、や」（※芦屋のおばあちゃん）と言います。Mが「それはお父さん」と訂正します。その後、Yが「お母さんの子どもはだあれ？」と尋ねます。Mが「誰だと思う？」と聞くと、Yは「よーくん（Yのこと）」、Mが「と？」と言うと、Yは「ユーチャン！（Uのこと）」と答えます。この日、Uは床につきインフルエンザで眠りがちです。午後、Uの2歳6ヶ月の録音テープをMとYとUで聞きます。テープの幼いUの声を聴きつつ、Yは「キャハ」と声をあげ笑ったりします。Mが「かわいい」と言うと、Yも「かーわいい」と同調します。Mが「Y君がお腹の中にいたときだよ」と言うと、Yは「知ってる、Y君覚えてる」と言います。Mが「えー、見たの？　どうやって見たのさー」と尋ねると、YはMのみぞおちを指差しつつ「ここに、このお腹の中にいたの」と言います。Mが「そこで見てたん？」と念を押しますが、Yはすまして「うん」と返事します。テープを聴き終わった後、

Yは「おかーさん、Y君が生まれてきてないときは、Uちゃんのことが一番大好きだったの？」と尋ねます。お腹の中でUの声を聞いていたというのは、いかにも背伸びして、よく分からぬことでも周りに合わせて、分かったような顔で生きている次男坊らしい台詞のようにも思われます。「おかーさん、Y君が生まれてきてないときは、Uちゃんのことが一番大好きだったの？」の台詞は、今は「お母さんはY君のことが一番好き」だよね、と自信をもって尋ねているようにも感じられます。テープを聴いてMとYが笑っていると、寝床のU（6：9.7）は「みんなでUちゃんのことをバカにしてる」とぷんぷん怒っています。Uは王座（Mの膝）から追放されたという思いがいまだにあり、Yは王座は当然自分のものだと思っているようです。

3　3歳11ヶ月のY：兄とケンカ可能に、いろいろ考える力、親の指示には反抗

友だちとの遊びの充実

この時期もYの仲間世界は広く、また、遊びも充実しています。Uの3歳の時とは雲泥の差です。ビックリマンシールの流行のピークは過ぎつつありますが、YとUの周囲ではビックリマンシール交渉での遊びはまだ根強く続いています。三月二日、八日、一五日、一六日、二八日の計五日は、Yはビックリマンシールで交渉し遊んでいます。交渉仲間は、山田君

（小三）、アミ君（小一）、イチ君（6歳）、ミヤ君（6歳）、カズ君（6歳）、カズ君の弟ミツ君（4歳）、タケ君（5歳）などです。「ネクロスの要塞」のゴム人形（ネクロス人形）も収集の対象になりつつありますが、この人形は手で操り戦いごっこなどとしても利用されています。U（6; 9,21）とY（3; 11,14）とイチ君の三人でネクロス人形を操り遊んだりもしています。ビックリマンシールやネクロス人形以外の遊びは、ブロックでの遊び、公園の周りの水たまりで溝を掘ったり、砂まんじゅうを作ったり、ブランコなどの外遊び、ドタンバタンと家の中で暴れたり、家の中でのチョロQごっこなどです。この時期、Uがブランコなどの外遊びを好むようになり、Uの行くところへいつもついて行くYも外へ行くことが増えています。Yの同輩の遊び相手は、もっぱらミクちゃんです。ミクちゃんとは、外で遊ぶこと（Y（3; 11,1）（3; 11,3）（3; 11,28）の三日）もあれば、家の中で遊ぶこと（Y（3; 11,8）（3; 11,10）（3; 11,17）の三日）もあります。ミクちゃんと仲良く絵を描いたりします。ミクちゃんは、ジグソーパズルなどYの好みに合わせて遊んでくれます。Uとも二人で楽しく遊べるので、Yの毎日は充実しています。

兄が大好き、連帯したりケンカもできる

三月一六日はU（6; 9,23）の卒園式です。この日の夕方、二人は「卒園式ごっこ」をしています。Uが「あさおYくん」と名前を呼び、Y（3; 11,16）が「はい」と返事をする遊びで

す。三月二九日、午前中テレビアニメの『忍者ハットリくん』を見ます。アニメに感激してU（6; 10,7）とY（3; 11,28）は、「ハットリくん」の絵を描きます。Uの絵は上手です。Yはこれをみて感激し「お母さん、見て見て、Uちゃん上手にハットリくん描いてる」と言い、「Uーちゃんより〜♪〜、じょーずーな〜♪〜人は〜♪誰もーいない〜♪〜」と歌を創作し歌います。兄のことが自慢です。この日の夕方、子ども部屋でYが「Uちゃん！　Uちゃん！」と何回か呼んでいますが、Uは返事をしません。そこで隣室のMが「Uちゃん、返事したげ」と言うので、Uが「なあに？」と聞くと、Yは「大好きだよ」と言います。Uが「僕の一番好きな友だちはY君（3; 8,28）や」と言ったのは、丁度三ヶ月前Yが3歳8ヶ月28日のことです。仲の良い二人とはいえ、関係は非対称です。Uはそれほど弟思いではありませんが、Yははるかに兄思いです。

再びビックリマンで泣く兄をケアする：　一月一一日にY（3; 9,12）はビックリマンシールで泣くU（6; 7,20）を、自分の「天使」のシールとUの「悪魔」のシールとを交換してやり、慰めたのでした。三月一三日、U（6; 9,20）とY（3; 11,13）がビックリマンアイスクリーム（※数ヶ月前からアイスクリームにもシールがつくようになりました）を一個ずつ開けます。Yは「ヘッド」のシール「シャーマンカーン」が当たります。Uは「悪魔」のシールです。UはYに「ヘッド」が当たったのを見るや、涙が止めどもなく湧いてきます。YはUが悲しんでいるので「ヘッド」が当たった喜びを表出しません。Uの嘆き悲しみが大きいので、もう一つずつビックリマンチョコを開けてよいことにします。すると、新しいチョコを開ける前に、Yは「『ヘッド』か『天使』やったら、Uちゃんと交換してあげる」と宣言します。これは仮想的推論です。結果、Uはまたも「悪魔」のシール、Yは「天使」のシールです。Yは宣言どおり、すぐに当たった「天使」とUの「悪魔」とを交換してやります。ようやくUの涙も止まります。新しいチョコを開ける前に、またもUが泣き出す可能性を考え、泣かないように配慮して先だって宣言しているところが、まるでYの方が兄貴かと見紛うところです。

兄に連帯して父をやっつける：　三月二二日、東京・高尾のMの実家に家族で滞在中のことです。起床してFとU（6;10.0）とどちらが早く着替えるか競争などをしていると、Uが「お父さんはブタや、アホや、お父さんはいつも寝てばっかり、お母さんはいっぱいお仕事するけれど、お父さんは何もせん、お父さんはブタや、アホや」とFをバカにし始めます。これは、FがUをときどきからかうのを真似ている面もあります。Fが「お父さんだっていつもお仕事してるやろ」と言いますが、Uは「お父さんは、ブタや、アホ、バカー」とさらに言います。Fも少し腹が立ち、「よーし」と足でUの足を絡めてUをやっつけようとすると、Uは殴りかかってこようとするので、Fはその手をつかみ押さえます。するとY（3;11.22）が、Uに馳せ参じて、Fを拳でポカポカなぐってきます。Fは立位で急所にあたり痛いので、Yを押し倒して、Uも押し倒します。Fが少し本気を出しかけると、UもYもそれ以上からかったり、攻撃したりはしません。FはUがいっぱしになってきたのと、YがFではなくUの味方であることを実感します。

三月一七日あたりから、Y（3: 11.17）は、U（6: 9.24）をぐっとにらみつけたりします。Uと張り合ってケンカできる様子になりつつあります。ポーズをとった表情と姿勢で、Uをにらみつけたりします。これは、もちろんUに対してだけではありません。Mが叱っても、プーとほっぺたを膨らませ、にらみ返したりするようになっています。何か、ずいぶんいっぱしに、生意気になってきているのです。

プライド、親の指示には従わない

三月一八日から二五日まで、Mの東京・高尾の実家に帰省しています。その間、いつもと違う生活になったためか、Yがすごく生意気になってきていることがいろいろな形で現れてきます。

拒否癖（ネガティヴィズム）：　新幹線で移動した三月一八日の夜、FとMは、「今日Y（3: 11.18）がすごく生意気になってきた」とこの日のことを振り返ります。Fが「Y君手をつなごう」と言って手をつかんでも、黙ってすぐにFの手を払いのけます。新幹線の中で、「Y君、寝っ転がらずにここにちゃんと座って」と言っても、グダグダして従いません。新幹線の中が暑くて不快だったこともありますが、Fが涼しい場所に誘っても動こうとはせず、Mが持ってきた簡単なゲーム盤も、独り占めして決してUに渡そうとはしません。Yは何か口で主張するのではなく、黙ってFの手を払いのけたり、Fをたたいて拒否したりして、自己を主張します。Yはこれまで素直すぎる面があったので、FとMで「（※2～3歳の時Yがすごく拒否癖であったことをすっかり忘れ）ようやく拒否癖（ネガティヴィズム）の時代が訪れてきたことは好ましいことだ」と話し合います。

三月一九日、高尾の霊園の階段を登ります。Y（3: 11.19）も真似をしようとします。U（6: 9.26）は左側のコンクリート坂になったところを登ります。Yがまだ小さいので、FがYを抱きかかえようとすると怒り、Fをポカポカたたき、態度で下ろせと要求します。Yは口ではまったく何も言わずに、バタバタしてFをたたくだけです。

この日の昼食、高尾の祖母が作ってくれたラーメンですが、美味しくなかったせいですが、Yは憮然とした表情でまったく食べようとはしません。Fが「Y君、ラーメンもちゃんと食べないと、今度からお菓子なしやで」（※脅しは一言余分と記録を書く時点で反省です）と言ったり、正面のMも「Y君ちゃんと食べ」と言ったりしますが、Yは反抗するように箸をわざと逆さに持って、柄の方をラーメンに突っ込み、しかも右手ではなく、左手に箸を持ち替えて、ラーメンを箸に引っかけたかと思うと、すぐに床に落としてしまいます。イヤイヤの反抗的な食べ方をしかけます。そこでMがそれを叱ると、その後は、Yはしかたがないというように俄然がんばり食べ始めます。ラーメンを半分ほど食べて「ごちそうさん」と言います。

この日の午後、八王子より横浜線で逗子まで移動します。電車の中の席の空いているところが飛び飛びでUとYを別の席に座らせます。途中で四人が並んで座れるようになったので、

Mが「Y君あっちが空いたから、Uちゃんの横に行こう」と誘いますが、YはMが手を引いても、かえってMを引っ張り移動したがりません。MがYの手を引き、ようやくUの右横へ座ろうとしますが、Yは嫌がり、元の席に戻ろうとします。Mを引っ張り、Mが動かないと泣きわめき出します。元の席ではYが座り、その前にMが立っていました。Mが「Y君は自分のことばっかり考えて、お母さんはどこに座るん？」などときつく叱り、Yはようやく泣き止みUの横に座ります。電車があまり好きではないようですが、それにしても、Yの駄々コネは久しくなかったものです。

自分の意思とプライド：Yが生意気になってきたのは、自分の意思がY自身にとって明確になってきたからだと思われます。Yは今座っている電車の席が気に入っているから、そこを変わりたくないのではありません。自分は「ここ」に座ることを納得しているにもかかわらず、親がその自分の意思を軽んじるかのように席を移動しろと言っていることに抵抗しているのです。Yの立場からすると問題は、親がYの意志を尊重していないことです。親と手はつながずに自由に歩きたいのです。それなのに親は手をつなごうとします。それが気に入らないのです。Yは、ほぼ3歳上の兄の気持ちをケアできる力があるのです。それは、Y自身も自分で感じていることです。観察49や観察51を見れば、Yが周囲のメンバーの中における自分自身に強い誇りをもっていることが推察できます。にもかかわらず、親がそれを認めていないようなのが問題なのです。3歳児は誇り高い存在になり得るのです。そして、Y

は幸運にもそこにたどり着いているのです。そのような有能感に、残念なことに長男のUは、3歳の終わりにたどり着くことができませんでした。それはUが異年齢のさまざまな子どもたちと交流する機会がYほどなかったことによるように思われます。

三月二〇日、Fの弟一家と伊豆の旅館に宿泊しているときのことです。U（6：9,27）と従弟のサラ君（6：5）とはゲーム室でTV卓球ゲームを楽しんでいます。Y（3：11,20）はうまくできないことを自覚しやろうとはしません。Fが百円与えると、昨夜Mと一緒にしたTV戦車ゲームを一人でやり始めます。やり方がよく分かっていないようなので、Fがコントロールレバーを操作し手伝ってやろうとしますが、Fの手を払いのけます。とにかく一人でやりたいようです。Fが戦車の走行、Yが射撃と分業してゲームを長く続けさせてやりたいと思うのですが、すぐにFの手を払います。その後、Uとサラ君はTVドライブゲームを楽しそうに始めています。サラ君の父親が「Y君もするか？」と尋ねると、Yは「僕うまいことできひんし、やらへん」と言い、拒否します。その後イルカショーを見に行ったときにも、Yが柱の影でショー全体が見にくそうなので、Fがショーの正面から見やすいようにとYを抱いてやりますが、Yは暴れもがきFを何度もたたき怒っています。元の位置、Uやサラ君の座っている席の横に戻せというわけです。一人だけ赤ちゃん扱いは嫌だ、断固拒否するとのYの意思表示です。

「親の言いたいことなど分かる。うるさいことは言わないで欲しい。かまわないで欲しい。

手本は兄貴たちだ。それを見れば、何ができて、何ができないか、何をすれば良いのか分かる。自分のことは自分でする。僕には、兄貴たちの仲間になっていける力があるの」と、Yがそのような自信やプライドを持ち始めていることが分かります。

会話や思考の力、自分の誤信念

Mの実家にて三月二四日、朝食後Y（3：11,24）が「Y君、子どもの時お酒飲んだことある」と言うので、Mが「どこで？」と尋ねると、Yは「ううん、おうちで、お茶と思って」と答えています。このエピソードは、二つの点で興味深いものです。一つは、Yが「子どもの時」という形で、自分のエピソード記憶をもつようになったことを示している点です。それは、観察52のY（3：10,8）について述べたこととも一致します。もう一つは、自分自身が「お酒をお茶と思う」という誤信念をもつ存在だということを理解している点です。観察46のU（3：9,10）が「『ふり』のふり」といったメタ表象をもてる力を示すようになったことに、ほぼ対応していることだといえるでしょう。

この時期、Yの思考や会話に幅が出てきています。三月五日、朝、布団の中でMがUに「Uちゃんも一人でお医者さんに行けたらなー」（※Uは一人で留守番すらできません）と言うと、Y（3：11,5）は「ドン君（小一）は行ける」と言います。これは以前に、Mが「ドン君はお姉さんと二人で歯医者に来ててえらかった」と語ったことがあるためです。Yは過去に聞いた話を適切に、話題に持ち出すことができています。Yは自分でそう言ってから、「でも、ドン君お金持ってたのかしら？」と自問しています。子どもだけで歯医者に行って、支払いをどうしたのか心配になったようです。過去に聞いた話からイメージの細部を立ち上げることができるようになっています。Yが自分の体験をことばでうまく表現できるようになっていることは、次の夢の話からも分かります。

観察53　Y（3歳11ヶ月27日）　今日はビックリマンアイスを開けることになっています。朝寝床でその話をしている際、Yは「Uちゃんが『悪魔』やったら、Y君が『ヘッド』でも『天使』でも替えたげる」とU（6; 10.5）に語っています。実際にビックリマンを開けることになるのは、その四時間後です。冷蔵庫にビックリマンアイスが二個あるつもりでいたのですが、いざ実際に分配しようと思い冷蔵庫を開けると、一個しかありません。そこで、Fが「どうする？」と尋ねると、Yは「二人のにしたら、リカちゃんみたいに」と言います。これは、数ヶ月前にリカちゃん（年長）と兄のリオ君（小二）とが、ビックリマンシールを二人で共有し合っているという話を聞いたための発想です。なかなか柔軟な思考力でFは感心します。Fは「リカちゃんとリオ君みたいに、二人のにするんやな？」と念を押すと、Yは「ウン」と言います。Uは「そんなん……」と不服そうに文句ありそうな声を出します。すると、Yは「そんなんなら開けんでもいいの？」と言います。しっかり代案を出さなければビックリマンなしになるよと、まるで兄貴のような台詞です。Uは、それならビックリマンチョコを開ければいいなどと言います。実はより人気のあるのは後発のビックリマンアイスです（初期のシールが入っています）。よって、アイスとチョコでは争いが生じる可能性があります。Fが「チョコとアイスとどっちがいい？」と尋ねると、Yのことなどまったく考えず、Uは当然「ビックリマンアイス」と答えます。YはUの返答を踏まえて、バランス良く「ビックリマンチョコ」と答えます。Uは追いつめられると他者のことはまったく考えられなくなるようです。

Yは、ビックリマンアイスが一個しかなかったという不測の事態に、自分のことだけではなくUのことも考え、気遣いつつ解決策を考えています。以上に続いて、二人はそれぞれアイスとチョコを開けます。Yは「悪魔」でした。中身を見たUは喜んで「てんしゃー！」という甲高い声を上げて、そのシールをシール帳にしまいます。YはそのUの甲高い声が泣きの悲鳴に聞こえたようです。Yは「僕は悪魔や、だから泣かないでもいいやん」とつぶやいています。Yは自分のことより兄のことをすごく気遣っています。実に兄思いです。もうすぐ4歳、他者のことをいろいろ配慮できるようになっています。Yの他者配慮が、Uの3歳の時の他者配慮と違うのは、Yがある種の自信と優越感を背景にして他者配慮をしている点です。Uの場合は、他者に迷惑をかけないか、他者の行動の邪魔にならないか、それを避けるための他者配慮でした。そのように萎縮した自己の殻を破ろうと6歳になってもあがいています。三〇数年後の現在、当時を振り返ってMは「私が他の子どもの気持ちを配慮した態度を示すので、それが幼かったUに影響したのかもしれない」と回顧しています。

〈補足〉母親が子どものすぐ側にいること

親の他児に対する配慮が子に与える影響

Mは、Uが1～2歳の時、住んでいるマンションには遊び場がなく、部屋も狭かったので、毎日のようにUを近くの公園に連れて行っていました。その公園は、かなり大きく緑も多く、毎日一〇数組の母子が遊びに来ていました。Uと似た年齢の幼児もたくさんいました（麻生、二〇〇八）。Mは、Uだけではなく近寄ってくる子どもたちの相手をしながら、砂場などで時を過ごしていました。Mは、子どもを勝手に遊ばせ、ベンチで本を読んでいるというタイプでも、母親同士のおしゃべりに熱中するタイプでもありませんでした。公園では、子ども同士の小さなトラブルがたくさん生じます。そんな中で、Mは「互いにケンカせず、譲り合って仲良く遊んで欲しい」という願いで、子どもたちに接していました。その際にどうしても、他児に対してよりも、わが子に対してその平和思想を強く押しつけてしまいがちになります。たとえば、砂場でA君がUの使っていない玩具をつかんで遊び始めるのを見て、UがMに

「Uチャンノ！」と訴えたときなど（UはA君ではなく母に訴えます）、Mは「Uちゃん使ってないから、A君に貸してあげようね」などと言い、他児であるA君の意図を尊重します。また、Uが滑り台の階段を登りかけたときに、そこへ年長のB君が勢いよくやってくると「お兄ちゃんが先に滑ってから、滑ろうね」などと声をかけることもよくありました。これも他児であるB君の意図の尊重です。子ども同士の取り合いやいざこざが生じないように、少し他児の意図を尊重し、そのわが子をサポートして、ケンカやトラブルを避けるというのがMの平和戦略だったわけです。そのような他児に配慮する姿勢や態度が、知らぬ間にUの身にもに浸透していたようなのです。

✎観察54　U（3歳0ヶ月19日）　FとUとが宇治川縁で川に石投げをして、帰りしな草むらの中の小道を登り土手の上にあがろうとしていたときです。Fが先頭で、一メートル半ほど後ろをUがついてきます。すると土手の上から小学校三年生ほどの男の子二人が下りてきます。小道を二人とすれ違うとき「お兄さんが通るのに、通ってごめんなさいって言ったの」と、Uは二人が去ってからFに言います。その時Fは、FとUとが先に登りつつあるところなのに、なぜUがそのように謝るのか理解しがたく感じました。

✎観察55　U（3歳1ヶ月23日）　①FとUとが宇治川縁で遊び、帰りしな高く茂った草むらの中の小道を登り土手の上にあがろうとしていたときです。Uが先頭で、Fはすぐ後ろです。前方より父親と小学一年生ほどの男の子が土手から下りて来ます。すれ違うには、双方が身体を横にして両側による必要があります。二人が一メートルほど前に来ると、Uは自分から右横の茂った草の上にドスンと尻餅をつきます。そしてこの親子が通り過ぎるや、Uは「Uちゃん邪魔になるでしょ、だからお座りしたんだよ」と言います。②その後、FとUとはコンクリートの迷路のある公園へ行きます。Fが隠れて、Uが追いかけたりして遊んでいるときに、小学校一、二年の女の子もこの迷路の中にやって来ます。Uこの迷路の中で、ばったりその子と鉢合わせします（互いの距離は一メートル半弱）。まだ、現実にはぶつかってはいないのに、Uは「ぶつかっちゃって、ゴメンなさいね」とその女の子に謝ります。①②いずれのエピソードでも、Uの対人的遠慮深さはいささか度を超しています。

そもそもUの台詞は、子どもにしては何か変です。というのは、Uの口にしているのは、大人が小さな子どもに対して発しているような台詞だからです。たとえば、2歳前後のヨチヨチ歩きの子が細い一本道を降りてきて、その子とすれ違うときに、心優しい大人が「おばちゃんがじゃまして、ごめんね」と言って脇に退き道を譲ってやったり、また迷路の中でぶつかった際に「ぶつかっちゃったね、通せんぼして、ごめんね」などと言うといったことは大いにあり得ることでしょう。どうもMの他児配慮の姿勢が、幼いUに伝わってしまっていたようなのです。

親が側にいなければならない不幸

本当は、子どもは親の目の届かないところでのびのび仲間と遊び、育つ必要があるのです。かつての伝統的社会では、親は子ども同士の遊びに口を挟む余裕などありませんでした。子どもの周りにはたくさんの他の子どもがいたのです。小さな子どもの面倒をみるのは、姉や兄であり、また近隣の異年齢の子どもからなる仲間集団でした。子どもは、親からではなく年長の子どもたちから、仲間に対する接し方を学ぶものだったのです。しかし、残念なことにそのような時代はもはや遠い過去になりつつあります。とはいえ、今日においても母親の膝の上から離れれば、子どもは仲間の世界へ入って行かざるを得ないのです。保育園や幼稚園、認定こども園といった今日の制度は、近隣の異年齢の子ども集団の消滅を補完するためのものであるように思われます。その制度のもとでも、仲間の世界に入っていくのはそう簡単なことではありません。それは、子どもを仲間の世界へ導いてくれるのは、親や保育者ではなく、少し年上のお兄さんやお姉さんだからです。保育園や幼稚園の中でもそのような年長児とどれだけ交流できているかが重要なのです。幼児が年長の子どもの振る舞いを見つめる憧れのまなざしの中には、ヒトが何十万年もの進化の中で培ってきた世代継承の本能といえるようなものが宿っているのです。

おわりに

はじめに紹介した『三才から六才：昌和たちの世界』（瀬地山、一九七三）で描かれた四人（航・潤・敦子・昌和）が3歳代を過ごしたのは一九六七年です。今回本書で描いた兄Uの3歳代は一九八四年で、弟Yの3歳代は一九八七年です。約二〇年の違いがありますす。年代だけではなく、育った環境も違います。昌和たちの住んでいたのは大阪・豊中の古くからの住宅街で、それぞれ一軒家に住んでいます。みんな隣近所です。昌和たちは、それぞれの家の中や庭で遊んだり、近くの神社の境内で遊んだりしています。それに対して、UやYが過ごしたのは公団の団地です。遊び仲間は、ほぼすべて同じ団地の子どもです。年代も環境もずいぶん違いますが、共通している点もいくつかあります。

一つ目は、地域の異年齢子ども集団が消失した中で育ったことです。日本が高度成長に入っていくのは一九六〇年頃からです。一九六二年には日本経済の急激な成長が始まっています。この時期には異年齢の子どもたちが群れて遊ぶことはなくなり、地域の子ども集団は崩壊してしまったといわれています（野上、二〇〇八）。その意味では、昌和たちもUとYも同じです。

二つ目は、昌和たちの親も、UとYの親も、3歳のわが子に同輩の子どもたちと遊ぶ機会を作ってやるのは親の役目と考えていたことです。路地や原っぱに子どもたちが群れて遊んでいた時代であれば、親がそのようなことを考えることはなかったと思われます。路地や原っぱがなくなると、1～2歳の幼児を公園に連れて行き、子ども同士を遊ばせて、子どもは子ども同士、親は親同士が交流するということが自然となされるようになったのです（麻生、二〇〇八）。それが背景にあって、一九九〇年代に「公園デビュー」なる新しいことばが生まれてくるのです。そして今や子どもが少なくなり、また、多くの子どもたちが早くから保育所に通うようになったせいでしょうか、「公園デビュー」ということばもほとんど聞かなくなってきています。子どもを取り巻く状況や環境は急激に変化しつつあります。

三つ目は、昌和たち四人（航・潤・敦子・昌和）も、UもYも、3歳代の間は、仲間と遊べるようになるまで、それぞれ紆余曲折があり、苦労しているということです。3歳児が自分たちの力だけで群れて遊ぶのは難しいということです。一人で外に遊びに行くというのは、環境差や個人差も大きいですが、3歳児にとって簡単なことではありません。家から出たくなくなったり、母親にべったり甘えたり退行したり、神経症的な行動を示したり、そのような時期をそれぞれが乗り越え大きくなっています。自分と同性の年上の子どもがいた昌和とYの二人が、他の四人に比べて仲間と比較的スムーズに遊べるようになっていることも偶然ではないように思えます。

モデルとなる年上の子どもの存在

ハリス（Harris, 1998）によれば、伝統的な社会では、親が子どもの遊び相手になるようなことはありません。親は遊び仲間ではないのです。親が子どもを楽しませるなどというのは伝統社会では言語道断なのです。多くの社会では、子どもがことばを獲得し始めると、親はとたんに子どもに関心を抱かなくなるそうです。親から離れた子どもは、子どもの仲間になりたいと願います。年少の子どもたちは、一つか二つ年上の子どもたちに憧れ、彼らをうらやむのです。年上の子に笑われることがムチに、年上の子に認められることがアメになるのです。

昌和たちとUとYの計六人の中で、ハリスが描く伝統的な社会の子どもたちの状況に相対的に一番近かったのは、3歳代に限定すれば、Yであったのではないでしょうか。複数の同性の年上の子どもたちの遊びを見ていたり、それに加わったりする経験は、他のものには代えがたい充実感を与えてくれるのです。Yは3歳0ヶ月の時、小学一年生のドン君隊長に「何をしてるか見てこい！」と命じられ、偵察に行き、戻ってきて「ゲームをやっております」と隊長に嬉々として報告しています（観察17）。3歳1ヶ月の時には、ドン君がYを棒でたたいては「Y君、痛いか？」と尋ね、Yが「痛くない」と言うと、また棒でたたき「痛いか？」と尋ね、これを繰り返し、Yは泣き出すまで我慢し続けています。三つも年上の子どもに認められるというのは最高の名誉なのです。Uも3歳3ヶ月の時、見知らぬ年上の子（4歳）に滑り台の階段から跳び降りそれを評価され、それを嬉しそうに誇りにしています（観察25）。子どもにとって、年長者に憧れ、彼らをモデルにして育つことは、伝統的な社会だけではなく、今日においても大切なことのように思われます。少子化の中でそのような環境を作っていくのは簡単ではありません。しかし、子どもたちに未来を託している限り、私たち大人はそれをしなければなりません。

「3歳の危機」と「イヤイヤ期」

最後に、ヴィゴツキーのいう「3歳の危機」（邦訳二〇〇二、二〇一二）について簡単に触れておきたいと思います。まず、「3歳の危機」の特徴とされる拒否癖（ネガティヴィズム）は、いわゆる2歳頃のイヤイヤ期の拒否とは概念的に区別しておく必要があるということです。ところが、その二つをまったく区別していない論者もいます。たとえば、ウィナーは「ネガティヴィズム」というレビュー論文（Wenar, 1982）で、実際に拒否癖を示す子も示さない子もいろいろいるが、発達的に重要なのは、結局は「ノー」と言える力だと、そのような拒否に主体としての自己の発現を読み取っています。そこには、「3歳の危機」という特定的な問題はありません。このように「1歳代に始まる拒否」と「3歳の拒否症」をつなげてしまうと、いわゆる「第一次反抗期」の時期がおそろしく広がってしまいます。

事典や辞典を見ればそのことが分かります。平凡社『心理学事典』（一九五七）で、北村晴朗は「第一次的反抗期」を約2歳、3歳とし「その反抗的行動は、萌芽的な意志の発現と自我感情の発達の結果と解せられる」と述べています（二三二頁）。ミネルヴァ書房『発達心理学辞典』（一九九五）で、矢野喜夫は「第一次反抗期」を「1歳～3歳頃の幼児期前期の自我の芽生えを示し、親のいうことをきかなくなる不服従、拒否、抗議や、言い出したらきかない強情、こだわりとして現れる」と述べています（五七〇頁）。ミネルヴァ書房『カウンセリング辞典』（一九九九）で、土谷玲子は、「第一次反抗期」を2歳～4歳の幼児期にみられるものとし、「運動機能、言語機能の拡張が生じることから自我が芽生え、何でも自分でやろうとの意志を示すようになるため親や周囲の大人と衝突するようになる」と述べています（五〇六頁）。以上、「第一次反抗期」を、北村は2歳から3歳、矢野は1歳から3歳、土屋は2歳から4歳にしています。重ねると1歳代から4歳代までという、子どもが質的にも量的にも驚くべき成長をとげる四年間がその範囲にすっぽりと含まれてしまいます。

「イヤイヤ期」：私は、「第一次反抗期」といった曖昧な概念はもう廃棄すればよいと考えています。その代わりに、今一般に普及している「イヤイヤ期」あるいは「手に負えない2歳児（terrible twos）」といったことばを、2歳前後に増加する拒否や強情さ、「要求を叶えてくれないと泣きわめき、あるいは思ったようにことが運ばないと泣きわめく」、そういった現象の増加期を示す記述用語として用いればよいのです。そのような拒否は、早い子では1歳頃からみられます。それに「イヤ」などことばが加わってくるのは1歳半以降になります。1歳から3歳にかけての子どもたちと家族とのやりとりを縦断的に観察したダン（Dunn. 1988）の研究によると、母親の禁止に対する抗議や反抗の回数は、子どもが1歳半から2歳の間に、約二倍に増大します。ところが、ロゴフ（二〇〇六、二一七頁）によれば、伝統的コミュニティでは2歳児がそのように拒絶的になることは観察されないそうです。つまり、「イヤイヤ期」は必ず通る発達の一里塚ではないのです。自由に動き回り、モデルとなる年長児や大人の活動を自由に観察することのできる2歳児には、「イヤ」と拒否しなければならないような押しつけられた制約はほとんどありません。ストーブや火がやけどをする危険な場所であることなどは、親から教えられることではなく自分で体験的に学ぶべきことなのです。

それに対して、近現代の子どもたちは、大事に保護されさまざまな行動を制約されています。つねに大人が子どもの安全を思って子どもを監視しています。ダメと禁止されることも少なくありません。そのような制約の多い中で、ある意味で愛され甘やかされた近現代の子どもが「手に負えない2歳児」になるのだと思われます。「イヤイヤ期」の拒否を拒否癖（ネガティヴィズム）と名づけることが間違っているわけではありませんが、もしそうするなら3歳頃の拒否癖（ネガティヴィズム）とは質的に異なったものだと認識しておく必要があるように思います。

「3歳の危機」：　3歳代の拒否癖（ネガティヴィズム）の特徴は、自分がやりたいことであっても拒否することです。大人に指示されること自体が、彼のプライドを傷つけるのです。そこで問題になっているのは、自分が一人のペルソナだという自覚です。「3歳の危機」というのは、それが拒否癖や強情として目に見える形で現象するか否かは別として、ヒトの発達において必ず子どもたちがくぐり抜けていかなければならないものです。子どもはいつか、母親の膝の上から離れて、仲間集団の一員になり、社会関係の中で自分の「地位」や「務め（役割）」を意識し自覚できるようになる必要があります。その端緒の時期が「3歳」であり、その重圧との葛藤が「3歳の危機」となって現象するのです。

ヴィゴツキーは3歳から「遊び」が可能になると考えました。それは3歳児が「役割」を知り、「役割遊び」ができるようになるからです（ヴィゴツキー、一九八九：麻生、二〇一〇）。「役割遊び」というのは、いわゆるごっこ遊びのことです。お店屋さんごっこ、お医者さんごっこ、電車ごっこ、そこには「店員と客」「医者と患者」「運転手と乗客」など対になった役割が存在します。「役割」が分かるということは、自分を社会関係の中に位置づけることができるようになったことを意味します。「役割を担う」というのは、自分を社会のメンバーの一人であるペルソナとして自覚することでもあります。伝統的な社会では、子どもたちは「役割遊び」をしません。伝統的社会では、「はじめに」ですでに述べたように、子どもは3、

4歳頃から薪集め・水汲み・食料の採集・調理・使い走り・子守りといった仕事の一部を担い始めるのです。伝統的社会では、大人の仕事は透明です。大人たちがどのように働いているのか、子どもたちは目で見て理解することができるのです。そこでは、「水汲みごっこ」や「薪集めごっこ」をする必要はありません。「狩猟ごっこ」をする代わりに、子どもは小さな弓や槍で、現実に狩りをし始めるのです。「ごっこ遊び」=「役割遊び」というものは、子どもが労働に直接に参加できなくなった社会、複雑な分業社会になって、初めて誕生したのです（エリコニン、一九八九）。

3歳の危機は、母親の膝の上から追放されて仲間社会に入っていくべき時期なのに、また子どもとして社会の一端を担う役割存在であると自覚しその力も感じつつある時期なのに、それにふさわしい環境、自分が飛び込んで行くべき憧れ・目標となるような世界が目の前に開けてこないことにあります。一人の役割存在として、微力ながらも、年上の人たちと対等に扱ってもらって活躍したいのです。だから、U（3: 4,8）はFが赤信号を渡ると「おとーさん、赤の時は、渡ったらダメなんだよ」と注意し、Y（3: 3,22）はFが本を蛍光ペンでマークしつつ本を読んでいると、「お父さん、本に書いたらアカンねんでー！」と注意するのです。しかし、現実には活躍すべき舞台がいっこうに現れてきません。責任をまかされた仕事もなければ、やってみたい仕事もありません。電車ごっこは運転手さんが「かっこよく」みえて、その仕事に憧れてするものです。お花屋さんごっこも、お花屋さんへの憧れです。

3歳児にはまだそれらの仕事もみえてきていません。3歳児には、先生たちの援助がなければ、「電車ごっこ」や「お花屋さんごっこ」を仲間同士で作り上げる力はまだありません。内から何か力が涌いてくるのを感じているのに、やりたいことがみえてこないのです。しかし、周囲からはいろいろ要請されることが次第に増えてきます。ストレスもかかってきます。そして、少し打ちのめされると、母なるものの膝の上に戻りたくなります。膝の上が空いていれば良いのですが、下の子にそこが占拠されていることもあります。大人たちの仕事や生活がますます不透明になっていく中で、内側から涌いてくる力の感覚やペルソナとしての自己意識が、次第に増えてくる近接社会からの要請や制約とぶつかり合う状況に、ある意味翻弄されているのが3歳児ではないでしょうか。時には退行したくなったり、爆発したくなったりするのも無理のないことのように思われます。そのような3歳児を勇気づける何よりもの贈りものは、年上の子どもたちの遊びをたっぷり見ることができて、そしてときどき仲間に入れてもらったり、また相手をしてもらったりすることです。はやく大きくなって、お兄さんやお姉さんのようになりたい、そのような憧れや希望がこれまでヒトの子どもたちを勇気づけてきたといえるでしょう。大人の役割は、そのような環境をできるだけ子どもたちに準備してやることではないでしょうか。

引用文献

麻生武　一九九二『身ぶりからことばへ：赤ちゃんにみる私たちの起源』新曜社

麻生武　一九九六『子どもと夢』岩波書店

麻生武　二〇〇八　生後2年目公園の仲間との出会い：25年前の日誌的記録から　無藤隆・麻生武（編）『育ちと学びの生成』（「質的心理学講座」第1巻）東京大学出版会、七九-一〇四頁

麻生武　二〇一〇　遊びと学び　佐伯胖（監修）渡部信一（編）『「学び」の認知科学事典』大修館書店、一二八-一四五頁

ベルクソン、H（著）　熊野純彦（訳）　二〇一五『物質と記憶』岩波文庫（Bergson, H. 1896 *Matière et mémoire. Essai sur la relation du corps à l'esprit.*）

Dunn, J. 1988 *The biginnings of social understaning.* Harvard University Press.

エリコニン、D・B（著）　天野幸子・伊集院俊隆（訳）　一九八九『遊びの心理学』新読書社

エヴェレット、D・L（著）　屋代通子（訳）　二〇一二『ピダハン：「言語本能」を超える文化と世界観』みすず書房（Everett, D. L. 2008 *Don't sleep, there are snakes: life and language in Amazonian Jungle.* Pantheon Books, a divison of Randam House, Inc., New York.

ゴールドバーグ、E（著）　藤井留美（訳）　二〇〇六『老いて賢くなる脳』NHK出版（Goldberg, E. 2005 *The wisdom paradox.* Carlisle & Company L. L. C. New York.）

原ひろこ　一九七九『子どもの文化人類学』晶文社

ハリス、J・R（著）　石田理恵（訳）　二〇〇〇『子育ての大誤解：子どもの性格を決定するものは何か』早川書房（Harris, J. R. 1998 *The nurture assumption: Why children turn out the way they do.* The Free Press, New York.）

北村晴朗　一九五七　自我　梅津八三他（編）『心理学事典』平凡社、一三二頁

小浜逸郎　一九八七『方法としての子ども』大和書房

楠山三香男　二〇〇四『「幼児の世界」へ』扶桑社

Lewis, M. 2007 Self-conscious emotional development. In J. L. Tracy, R. W. Robins, & J. R. Tangney (eds.) *The self-consciou emotions: theory and research*. The Guilford Press. New York. pp. 134-149.

ミッシェル、W（著）柴田裕之（訳）二〇一五『マシュマロ・テスト』早川書房（Mischel, W. 2014 *The marshmallow test: mastering self-control*. Brockman, Inc.）

野上暁　二〇〇八『子ども学その源流へ：日本人の子ども観はどう変わったか』大月書店

ロゴフ、B（著）當眞千賀子（訳）二〇〇六『文化的営みとしての発達』新曜社（Rogoff, B. 2003 *The cultural nature of human development*. Oxford University Press.）

Rogoff, B., Sellers, M. J., Pirrota, S., Fox, N., & White, S. H. 1975 Age of assignment of roles and responsibilities to children: a cross-cultural survey. *Human Development*, **18**, 353-369.

瀬地山澪子　一九七二『三才から六才へ：昌和たちの世界』日本放送出版協会

諏訪哲二　二〇〇五『オレ様化する子どもたち』中公新書ラクレ

田中二郎　一九八七　ブッシュマンの子どもの社会参加　岩田慶治（編）『世界の子ども文化』創元社、九六－一一三頁

田中二郎　一九九四『最後の狩猟採集民』どうぶつ社

土谷玲子　一九九九　反抗期　氏原寛他（編）『カウンセリング辞典』ミネルヴァ書房、五〇六頁

ヴィゴツキー、L・S（著）神谷栄司（訳）一九八九　子どもの心理発達における遊びとその役割　ヴィゴツキー・レオンチェフ・エリコニン他　神谷栄司（訳）『ごっこ遊びの世界』法政出版、二－三四頁

ヴィゴツキー、L・S（著）柴田義松他（訳）二〇〇二『新児童心理学講義』新読書社

ヴィゴツキー、L・S（著）土井捷三・神谷栄司（監訳）二〇一二『「人格発達」の理論：子どもの具体心理学』

三学出版
Wenar, C. 1982 On negativism. *Human Development*, 25, 1–23.
柳田國男　二〇一六『故郷七十年』講談社学術文庫
矢野喜夫　一九九五　反抗期　岡本夏木・清水御代明・村井潤一（監修）『発達心理学辞典』ミネルヴァ書房、五七〇頁
横山浩司　一九八六『子育ての社会史』勁草書房

解　説
――3歳児たちのきらめき

高田　明（人類学者）

著者について

麻生武氏（以下、著者）は、発達心理学における日誌研究のパイオニアです。著者の初期の代表作である『身ぶりからことばへ』（新曜社、一九九二年）は、0歳児だった自身の長男を対象としたもので、日本が世界に誇る日誌研究の名著であり、隣接分野の研究者にも大きな影響を与えてきました。実は、私もこれに感化された一人です。著者の研究は、丹念かつ徹底した観察によって、子どもが日常生活の中で垣間見せる新たなものごとの見方や感情の機微を余さずとらえ尽くそうという姿勢において一貫しています。心理学を専攻していた頃にそうした著者の研究に魅了され、子どもの研究を始めた私は、心理学では主流をなしている方法論的な手続きの厳密さと客観性を重視する流儀にはなじめませんでした。そして、子どもとその周囲の人々との日常的なやりとりにもっと自らの五感を通じて迫りたいという思いから、野外での参与観察を旨とする人類学の分野に非才を顧みず転じました。著者のあずかり知らぬところで、そのすばらしい仕事に共鳴してその人生航路の舵を切った者はきっとほかにもいることでしょう。

もちろん、早々に「転向」した私などとは異なり、著者はその後も、日本の発達心理学や質的心理学を長年にわたって堂々と牽引してきました。そして近年は、学会や研究機関における要職の義務から徐々に解放されつつある?ためか、さらに旺盛な研究活動を展開されているようです。まとまった成果としては、二〇二〇年に、おもに自身の長男が1歳の時の日誌観察に基づく『〈私〉の誕生　生後2年目の奇跡I、II』（東京大学出版会）を出版しておられます。これに続く本書は、自身の二人の子ども（長男と次男）が3歳の時の日誌観察に基づく分析と考察です。長らく著者を仰ぎ見てきた私にとってはうれしい限り、本書に解説を記す機会をいただいたことは光栄の至りです。

人類史における3歳

さて、解説にもかかわらず、はじめに私自身の略歴にも触れたことには理由があります。本書では、人類学的なセンスと洞察がそこかしこで光っているのです。以下では、そうしたきらめきをいくつかピックアップすることを通じて、本書の面白さについて考えていきたいと思います。

まず本書の導入部では、人類史における3歳という、まさに人類学的なアジェンダが設定されています（pp. 5-12）。ここで紹介されているブッシュマンは、南部アフリカの狩猟採集民・先住民として知られています。また、私自身がこの四半世紀にわたって調査を継続してきた人々でもあります。離乳食に適した食料が得にくい半乾燥地において、少人数で移動を繰り返すブッシュマンの狩猟採集生活では、長期にわたる母乳育児をはじめとした密接な母子関係がきわめて重要でした。キャンプを同じくする父親やほかの大人は、そうした母子をさまざまな形でサポートしていました。三～四年間にも及ぶ授乳期間を終えた子どもは、次子の世話につきっきりになる母親の手を離れ、多年齢からなる子どもの集団に愛着の対象と活動の場を移していきました。そうした「母親の膝と乳房から追放」された子どもが直面する葛藤と困難は、想像に余りあります。定住化・集住化が進んだ現在のブッシュマンでは、授乳期間は短縮してきていますが、初期の密着した母子関係や多年齢子ども集団での社会化といった特徴は依然として広く認められます（e.g. Takada, 2020）。

離乳を終えたブッシュマンの子どもは、年長児たちの助けを得て、上記の葛藤と困難を克服していきます。「子どもは親の目の届かないところでのびのび仲間と遊び、育つ必要があるのです。（中略）親は子ども同士の遊びに口を挟む余裕などありません。」（p. 254）といった本書の記述は、そうした子どもたちにはとりわけよくあてはまります。ブッシュマン以外にも、西欧では一般的だと見なされがちな養育者―子ども関係があてはまらないことを示す民族誌的な例は枚挙にいとまがありません。しかしながら、人類学者は職業柄あまり口にしませんが、人間には文化の違いを超えた圧倒的な共通点があること、それがフィールドワークにおける調査者—調査対象者の相互理解の基盤となっていることもまた事実です。3歳を迎えた自身の長男Uと次男Yに対する著者の視線は、そうした社会的状況に応じた人間の柔軟性とそれを支えている共通基盤の両面を鋭くとらえています。「年少の子どもたちは、一つか二つ年上の子どもたちに憧れ、彼らをうらやむのです。年上の子に笑われることがムチに、年上の子に認められることがアメになるのです。」(p. 257) は、後者の好例だといえるでしょう。

仲間集団へ

かくして3歳児は年長児たちから構成される仲間集団に憧れるようになります。もっとも、仲間集団の構成原理や規模には歴史的に形成されてきた文化の違いが大きく反映します。多年齢の子どもたちからなり、大人によるスーパーバイズをほとんど受けないブッシュマンの子ども集団とは異なり、現在の日本では、親しい親同士とともに、比較的年の近い子どもたちが少人数で関わることが多いようです。3歳児にとって、身体的にも精神的にも自分を凌駕する年長児と関わることは容易ではありません。また年長児はたいてい、親たちほどには3歳児の幼さに配慮してくれません。そこで3歳児は、それぞれの社会的状況で自分なりに試行錯誤を繰り返します。たとえば、本書で描写されている長男のUくんは、優しく控えめで、なかなか他児とうまく関わることができません。著者はそんなUくんが、葛藤を抱えながら親のもとに戻ったり、他児に意地悪をしたりする様子を克明に記しています（pp. 35-37）。いっぽう次男のYくんは、家庭でのお兄ちゃん（すなわち、成長したUくん）とのやりとりで揉まれてずっとタフなようです。お兄ちゃんの同じ年頃の友だち（Yくんから見れば、みな年長児です）との関わりも多いようです。Yくんはそうした仲間集団に認められることを重視しており、少々損な役でも意に介しません。その反面、普段からお兄ちゃんやその仲間に劣等感を感じているだけに、親に否定されたり批判されたりすることには耐えられません（pp. 78-79）。そんなYくんにとってお兄ちゃんのUくんは、ケンカもしますが、何でも知っていて頼りになる最高の遊び友だちとなっているようです（p. 118）。いっぽうUくんにとってYくんは、以前は自分が独占していた両親の注意をしばしば奪い、自分を脅かすライバルと映っています。弟というライバルが台頭し、仲間集団へもうまく参加できないUくんは、一人遊びの中で想像の翼を羽ばたかせるようになっていきます（pp. 218-220）。

このように、同じ家族で育っても、関わりの枠組み（Goffman, 1981）やそれに対する応答の傾向は子どもによってしばしば異なります。子どもの「個性」や子ども集団の「文化」という、私たちがしばしばしたり顔で使っていることばは、このようなさまざまなレイヤーの特徴（e.g., 人間としての共通性、それぞれの集団の構成、親の願い、個々の子どもをめぐる関わりの枠組みとそれに対する応答）が交叉する日常生活で形作られていく行為のパターンを言語的に要約したものだともいえるでしょう。

3歳児の論理と倫理

ことばを扱う力が飛躍的に成長する3歳児では、表出されたことばからその子どもの心の動きについて論じることが、それまで以上に重要になってきます。周知のように、ピアジェの画期的（epoch-making）な業績（e.g. Piaget, 1964/1968, 1967/1989）以来、錚々たる心理学者たちがこの時期の子どもの論理と倫理に注目してきました。この点に関しても、本書は随所に深い洞察を提示しています。著者によれば、3歳の時のYは過去の思い出を振り返るとき、その出来事があった場所とその時の自分が過ごしていた時間がしばしば癒着していました。たとえばYくんは、赤ちゃんの時に住んでいた京都市の伏見区桃山に行けば、自分はまた赤ちゃんに戻るかなｰ?と述べています（p. 129）。またその頃のYくんには、虫が死んでしまい、もう生き返らないということを理解することが難しかったそうです（p. 130）。長男のUくんもまた、自分と母親との親密な関係を脅かす弟のYくんについて、弟が死んで同じ顔の赤ちゃんが生まれたらば?と述べています（p. 155）。著者によればこれは、ある赤ちゃんが死んでも同じ赤ちゃんが生まれたら、元と同じになるのだから、その赤ちゃんの死はそれほど重大ではなく恐れる必要もない、という見方のあらわれです（p. 199）。

こうした子どもの空間や時間への関わり方と命についての見方は、深く結びついているのでしょう。私たち大人は、等質的・中立的な空間がいろいろな物質によって満たされており、時間はそれとは独立した次元で、過去から未来に向けて等質的に時を刻みながら、不可逆的に進んでいくようなイメージに慣れています。しかしながら、心身問題や時間論の泰斗ベルクソンは、こうした空間と（客観的な）時間は本来的に存在するものではなく、私たちが反省的な意識を通じて概念的に再構成したものの見方に過ぎないと指摘しています（Bergson, 1889/2001）。また、シンボル体系の発展について壮大な哲学を展開したカッシーラーが膨大な資料を駆使して示した（Cassirer, 1923-1929/1989-1997）ように、少なくとも西欧でこうした見方が優勢となり、社会制度を形作る基本原理となったのは近代になってからです。いっぽう、場所と（主観的な）時間が結びついた生活世界は、近代以降に生きる大人たちが忘れてしまいがちな豊かな意味の源泉だといえるでしょう。そして子どもは、近代以降においても、混沌とした環境にさまざまな生気を感じとり、創造性と躍動感に満ちた世界に生きています。上述した死という仮想的な事実についてのYくんやUくんの見方は、彼らが死を不可逆的な出来事だとはとらえていないことを示しています。そして彼らの言動は、事実の観察に基づく因果的な論理よりも、自らが感じる情動とそれを正当化しようとする思いによって貫かれています（p. 171）。さらに彼らは、そうした思いに照らしつつ、何が正しいのか、正しくないのかを自分なりに判断するようになってきています（p. 231）。

規範への社会化

上記のような、子どもが論理と倫理を発達させる過程は、規範に対する社会化と表裏一体の関係にあります。どちらかといえば、これまで発達心理学は前者、心理人類学や言語人類学は後者に焦点をあてて議論を展開してきました。この点で本書は、私自身も推進してきた言語人類学における言語社会化アプローチ（Duranti et al., 2012; 高田、二〇一九）にも、多くの示唆を与えてくれます。たとえばUくんは、車が来ていないので赤信号を渡ろうとした父親に対して「おとーさん、赤の時は、渡ったらダメなんだよ」と注意しています（p. 95）。ひょっとすると、Uくんはもともと赤信号では止まるという規範を父親から教わったのかもしれません。しかし、それをここでは自分だけではなく、当の父親にも適用しています。言語社会化アプローチでは、子どもをはじめとした文化的な新参者が、その「文化の文脈」と関連させながら、今ここの「状況の文脈」をどのようにとらえ、それに応じて適切に振る舞えるようになっていくのかについて検討します。そのためには、「言語を用いるための社会化」、すなわちことばの使い方や語り方を習得すること、および「言語を使うことを通した社会化」、すなわち社会規範、アイデンティティ、イデオロギー、感情、知識、道徳性などを習得することを結びつけて論じる必要があります。上の例でUくんは、赤信号に関する規範を言語化・内化することによって、自己の行動を抑制できるようになっているだけでなく、父親の今ここでの状況に応じた行動よりも文化的な文脈としての規範を上位に位置づけ、Uくんとの関係において通常は権威者である父親に教示を行っています。また次男のYくんは、父親がテーブルの上に落としたご飯粒を拾って食べたのを見て、「おとーさんも子どもかなー」と、からかうような口調で挑戦的な発話を行っています（p. 121）。これもまた、ご飯はきれいに食べるという文化的な文脈としての上位の規範に照らして、父親の行動を相対化したものといえるでしょう。

ただし3歳児の規範との関わりでは、前節でも注目した、自らが感じる情動とそれを正当化しようとする思いが優勢となっています。たとえばYくんは、ある出来事について他者をからかったり非難したりするときでも、その発話の内容が真実かどうかではなく、誰が悪いのかを言い立て、自己を弁護するためのソーシャルスキルを磨くことに重きを置いています（pp. 121–122）。またUくんは、同年代の友だちと数字の書いてあるチップを使ったゲームをしているように見えたときでさえも、そのルールはUくん自身がその場で勝手気ままに作っており、勝ち負けの判断もすべてUくんがしていました（p. 196）。これらは、自己にとっての状況の文脈を重視し、そこでのトラブル（例：ゲームに負けて恥ずかしい、あるいは嫌な思いをする）を回避するために文化の文脈（例：ゲームではルールに従う）を用いているといえるでしょう。状況の文脈と文化の文脈がどのように関連しているのかについての検討は、まだ始まったばかりです。こうした規範への社会化が起こっている場面を丹念に分析することは、両者の入り組んだ関係を明らかにするとともに、子どもがその社会において歴史的、文化的に形成されてきたシステムに組み込まれていく過程をつまびらかにしてくれます。そしてそれは、心理学者と人類学者が実りの多い協働を進めていける研究領域だといえるでしょう。

「第一次反抗期」の脱構築

心理学者としての著者の慧眼がよく示されており、かつ本書において著者がもっとも力を入れているのは、「第一次反抗期」の脱構築、すなわち、広く流布した第一次反抗期という概念をいったん解体し、著者自身の観察と分析に基づいて再編することでしょう。一般には発達心理学の共通見解を示すと理解されている事典・辞典によってさえ、第一次反抗期の定義にはそれぞれかなりの違いがあります。また、第一次反抗期とされる時期は、1歳代から4歳代までという広い範囲の中には収まるものの、それぞれの事典・辞典によってしばしばずれています。読者には意外かもしれませんが、「第一次反抗期」は専門家にとっても曖昧でとらえにくい概念なのです。そこで著者は、この概念を用いるのをやめて、「1歳代に始まる拒否」、すなわち要求を叶えてくれない、もしくは思ったとおりにならないと泣きわめくような、2歳前後に増加する拒否や強情さと「3歳の拒否症」[1]、すなわち大人が指示したことを理由としてそれに従いたくないために拒否するという、3歳頃からあらわれる傾向を分けてとらえることを提案しています。ペルソナとしての自己を発達させつつある3歳児は、対人関係における自己の役割に敏感になってきます。そのため、大人から一方的に指示されること自体が、彼の面目やプライドを脅かすのです（pp. 260-261; Brown & Levinson（1987）も参照）。

実際の３歳の拒否症には幅広いバリエーションが見られます。しかしながら、そこには子どもが親密な人々との関係において感じる強い情動とそれを正当化しようとする思いが通底しています。たとえば長男のＵくんは、３歳になった頃に次男のＹくんが生まれると間もなく、親の関心が自分から外れてＹくんに注がれていることを感知し、自分の立場や居場所が危うくなっていることへの不安や悲しみを感じているようでした。そして、そうした事態を引き起こした親に抗議するように拒否癖を強めていきました（p. 41）。いいかえれば、Ｕくんは弟に奪われた親の関心を再び自分に惹きつけるために、あえて親の意図に逆らって自分の存在や自分の意思を認めさせようとしているかのようでした（p. 64）。

自己論や社会理論について幅広い論考を展開している哲学者のホネットによれば、私たちは社会化の過程で、もっとも身近な他者（たとえば母親）からその周囲の人々、最終的にはその社会全体へと相互行為のパートナーの範囲を広げていき、その規範的な態度を段階的に内面化します。これにより、そのパートナーを承認するとともに自分が社会の成員として承認されていることに気づいていくのです。いっぽう、そうしたパートナーから適切な承認が得られないと、社会的コンフリクトがもたらされます（Honneth, 1992/2003）。「３歳の拒否症」では、子どもは自分がやりたいことでも拒否することがあります。また、弟や妹の誕生によって失われたかに思われる、親との親密で排他的な関係へ回帰しようとするように見えることもあります（例：Uくんは「たまには、Uちゃんだけ可愛いって言って欲しいなー」と言い、それに母親が応じると、Uくんはひどく喜んでいます（p. 207））。これらは親と形成してきた親密な関係を試し、再び承認を得ることによって、その傷ついた面目やプライドを回復しようとしているのだと考えられます。

「子育ての自然誌」に向けて

本書は、私が目指す「子育ての自然誌」、すなわちさまざまな環境における日常的な子育ての観察に基づいて、自己と社会の成り立ちを記述・解明するという営み（高田、近刊）を体現するものです。そこで最後に私が本書から触発された、これから興味深い議論を展開できそうな方向性を二つ指摘しておきます。

一つ目は、本書が注目した2歳から3歳における子どもの拒否をめぐる言語使用について、さらにミクロな相互行為分析（高田、二〇一九）を進めることです。語用論の名著として名高いBrown & Levinson（1987）によれば、指示（directive）は本質的に受け手の「面目を脅かす行為（face threatening act）」であり、そうした驚異を和らげるためにそれぞれの言語共同体（speech community）は、文法的、語用論的に多様な方略を発達させてきています。とりわけ、「思いやり（empathy）」を重んじるとされる日本社会においては、そうした働きをする文法項目（例：婉曲の助詞・助動詞）、語彙（例：各種の敬語表現）、発話（例：主語の非明示や報告発話）がよく発達しているように思われます（Clancy, 1986）。子どもの拒否が質的に変化していく過程で、これらに関する子どもやその周囲の人々の言語使用がどのように変化していくのかをさらに組織的に記述・分析することによって、日本語をはじめとした言語と子どものプライド、役割を果たせないことへの恥の感覚、規範を参照する力などがどのように結びついているのかが、より具体的に明らかになってくるでしょう。

二つ目は、子どもとその周囲の人々とのやりとりから子どもの思考が生じてくる過程を実践者の視点から描くことです。相互行為分析は、複数の人々による表出された発話や身振りのやりとりの組織化に分析の焦点を合わせます。したがって、表出はされなくても内的対話として生じる子どもの思考については論じるすべをもちません。これに対して、傑出した心理学者であるヴィゴツキーや言語学者のヤクビンスキーの影響を受けながら独自の言語理論を構築したバフチンは、自然な対話からモノローグが派生・発展していくさまを独白や書きことば、小説の中のことばを題材に論じています（田島、二〇一九）。バフチンの関心の核にあったのは、語源を共有する対話（dialogue）と弁証法（dialectic）をつなぐような実践であり、異なる意見が相互に矛盾や葛藤を解消しながら思考を生成・展開していく過程だと思われます。近年になって大きく進展した相互行為分析と上記のバフチンらの着想を理論的、方法論的に接合することは、心理学、人類学、言語学、社会学、哲学といった関連する諸学の境界を越えて、人間の創造性と生（life）に迫る、新たなパラダイムの構築を可能にするでしょう。

注

（1）いわゆる、「イヤイヤ期」あるいは「手に負えない2歳児（terrible twos）」のことを指します。ただし、伝統的コミュニティでは必ずしも2歳児がそのように拒絶的になるとは限りません（Rogoff, 2003/2006）。

参照文献

麻生武　一九九二『身ぶりからことばへ』東京：新曜社

麻生武　二〇二〇『〈私〉の誕生　生後2年目の奇跡（全2巻）』東京：東京大学出版会

ベルクソン（著）中村文郎（訳）二〇〇一『時間と自由』東京：岩波文庫（原著は一八八九年出版）

Brown, P., & Levinson, S. C. 1987 *Politeness: Some universals in language usage*. Cambridge, UK: Cambridge University Press.

カッシーラー（著）生松敬三・木田元（訳）一九八九－一九九七『シンボル形式の哲学（全4巻）』東京：岩波文庫（原著は一九二三－一九二九年出版）

Clancy, P. 1986 The acquisition of communicative style in Japanese. In B. B. Schieffelin & E. Ochs（Eds.）, *Language socialization across cultures*. Cambridge, UK: Cambridge University Press（pp. 213-250）.

Duranti, A., Ochs, E., & Schieffelin, B. B.（Eds.）2012 *The handbook of language socialization*. Chichester, UK: Blackwell.

Goffman, E. 1981 *Forms of Talk*. Philadelphia, PA: University of Pennsylvania Press.

ホネット、アクセル（著）山本啓・直江清隆（訳）二〇〇三『承認をめぐる闘争：社会的コンフリクトの道徳的文法』東京：法政大学出版局（原著は一九九二年出版）

ピアジェ、ジャン（著）滝沢武久（訳）一九六八『思考の心理学：発達心理学の6研究』東京：みすず書房（原著は一九六四年出版）

ピアジェ、ジャン（著）波多野完治・滝沢武久（訳）一九八九『知能の心理学（改訂版）』東京：みすず書房（原著は一九六七年出版）

ロゴフ、バーバラ（著）當眞千賀子（訳）二〇〇六『文化的営みとしての発達』東京：新曜社（原著は二〇〇三年出版）

田島充士（編著） 二〇一九『ダイアローグのことばとモノローグのことば：ヤクビンスキー論から読み解くバフチンの対話理論』東京：福村出版
高田明 二〇一九『相互行為の人類学：「心」と「文化」が出会う場所』東京：新曜社
Takada, A. 2020 *The ecology of playful childhood: The diversity and resilience of caregiver-child interactions among the San of southern Africa.* Cham, Switzerland: Palgrave Macmillan.
高田明（近刊）『子育ての自然誌：狩猟採集社会からの眼差し』京都：ミネルヴァ書房

たかだ あきら
京都大学大学院アジア・アフリカ地域研究研究科准教授

あとがき

私が二人の息子の日誌的観察記録を書き始めてから、ずいぶんの年月がたってしまいました。観察記録をつけ始めた頃には、とにかく最初の三年間に関しては後悔しないようなしっかりした記録を残したいと考えていました。最初の三年間が過ぎると、今度は就学するまでの記録を残しておきたいとの欲が生まれました。その時期が過ぎてもやめるきっかけがつかめずに細々と観察記録を書き続け、いつの間にか日誌的観察記録なるものは、子どもたちが成長するにつれて、単なる私の日誌にすぎなくなっています。今日でも、ときおり離れて住む1歳代や2歳代の孫に出会ったときなど、孫のことを記録するのが、かつての日誌的観察記録の名残を示しています。

今回扱ったデータは、長男Uが3歳の時の記録と次男Yが3歳の時の記録です。二人の3歳を扱った書物を書きたいと思ったのは、ずいぶん昔です。なぜ書きたいと思ったのかというと、同じ3歳といっても兄と弟では、生育環境があまりにも異なることに驚いたからです。

そのことを踏まえたうえで3歳児について論じれば面白いだろうと思ったのです。また、長男と次男の年齢差が2歳10ヶ月であり、3歳代の長男のことを描くと、そこには0歳代の次男が登場します。また3歳代の次男のことを描くと、そこには6歳代の長男が登場します。両者を描けば、0歳と3歳、3歳と6歳、といった子どもの発達する姿をそれとなく示せるのも面白いと思ったのです。ただ、3歳児をどのような角度から論じればよいのか、その視点を見出すのには少なからず苦労しました。従来の発達心理学では、社会歴史的な文脈や子どもたちの生きる生態学的で具体的な社会環境などを捨象し、子どもの発達を「認知能力」や「自我発達」といった抽象的な切り口で議論するのが常でした。ですが、私は、そのように抽象的に議論されている内容を一旦は白紙に戻し、改めて具体的な子どもたちの成長する姿に照らし合わせて、再吟味していく必要を感じていました。発達心理学は、子どもたちが生きている現場に立ち返る必要があるのです。そう思って、私が3歳児を特徴づけるものとしてなんとか見出したのが、「母の膝の上から仲間の世界へ」というテーマです。また、それ以外にも3歳児には興味深い初々しい感性と思考があります。それらについてもできるだけ触れるようにしましたが、今回はたしてどこまで肉薄することができたのか、少し心許ない気もしないではありません。

幸運なことに、この拙著を読んで気鋭の人類学者である高田さんが、コメント論文を書いてくださいました。私は、高田さんと不思議なご縁があります。実は、高田さんが大学生の時に、卒業論文の研究協力者を求めて当時私が勤めていた奈良女子大学へ来られたことがありました。確か「原因帰属の文化差」について研究されていたように思います。それがきっかけで、高田さんに長男Uの1歳10ヶ月のビデオ起こしをアルバイトで頼んだことがあったのです。とてもていねいに仕事をしてくださったことを、今も感謝しています。その高田さんが、その後、人類学を専攻されアフリカに行かれて、人類学者として大活躍されていることはみなさんも周知のことです。私も、発達心理学研究に掲載されたブッシュマンの人たちの子育てについての論文や『相互行為の人類学』（新曜社、二〇一九）などの著書を読んでそのことを知っていました。今回なんと、その高田さんがコメントを書いてくださったのです。とても感動し、深い時の流れを感じるとともに、とてもありがたく感じています。

高田さんのコメントを読ませていただき、とても嬉しく思ったことは、一つには私が進もうとしていた方向は間違ってはいなかったのだということを、高田さんが理解し評価してくださっていることです。それにもまして嬉しかったのは、その同じ方向に高田さんたち自身が歩みを進め、さらに深く探究されていることが分かったことです。発達心理学は、個々の時代、個々の地域や社会に生きる個々の子どもたちの具体的な姿をていねいに記述し、それを分析して行く中で、総合的に考察を深めていく必要があると常々感じていました。私は最近とみにそのような思いを強くしていました。だが、あまり心配しなくともよいことが分かったのです。高田さんたちは、すでにその方向で研究され、新たな方法を開発され、新たな問いの発見に向けて日々がんばっておられるのです。高田さんのコメントから、そのことが強く伝わってきました。これから発達心理学を新たに志す人も、高田さんたちにならって、ぜひこの同じ方向へ進んでいってほしいと切に願っています。

この書物を出版するにあたっては、ミネルヴァ書房の丸山碧さんにはたいへんお世話になりました。二〇二〇年一月頃から始まった新型コロナウイルス騒動の中で、出版に向けて丸山さんにはさまざまなご尽力をいただきました。心からお礼申し上げます。また、この書物の最終原稿を仕上げたのは、二〇一九年一二月です。妻道子は食道癌で放射線治療を受けている最中であったのですが、これまでと同じように、妻は原稿を読んで誤字脱字などを細かくチェックしてくれました。だが、残念なことには、二〇二〇年六月に入院先で妻は帰らぬ人となってしまいました。この書物は、妻が読んでチェックしてくれた最後の原稿になってしまいました。この書物には、日誌の内容を確認するためにいろいろ話し合ったことがすべて刻み込まれています。最後に、子育ての頼もしい同志であり、控えめな共同研究者でもあり、よき編集者でもあった妻にこの書物を捧げたいと思っています。「道子、四七年間、君と一緒に暮らせたことを深く感謝している、長い間、本当にありがとう」。

二〇二一年四月二二日　　麻生　武

弟Y（3; 3, 13）と妻道子

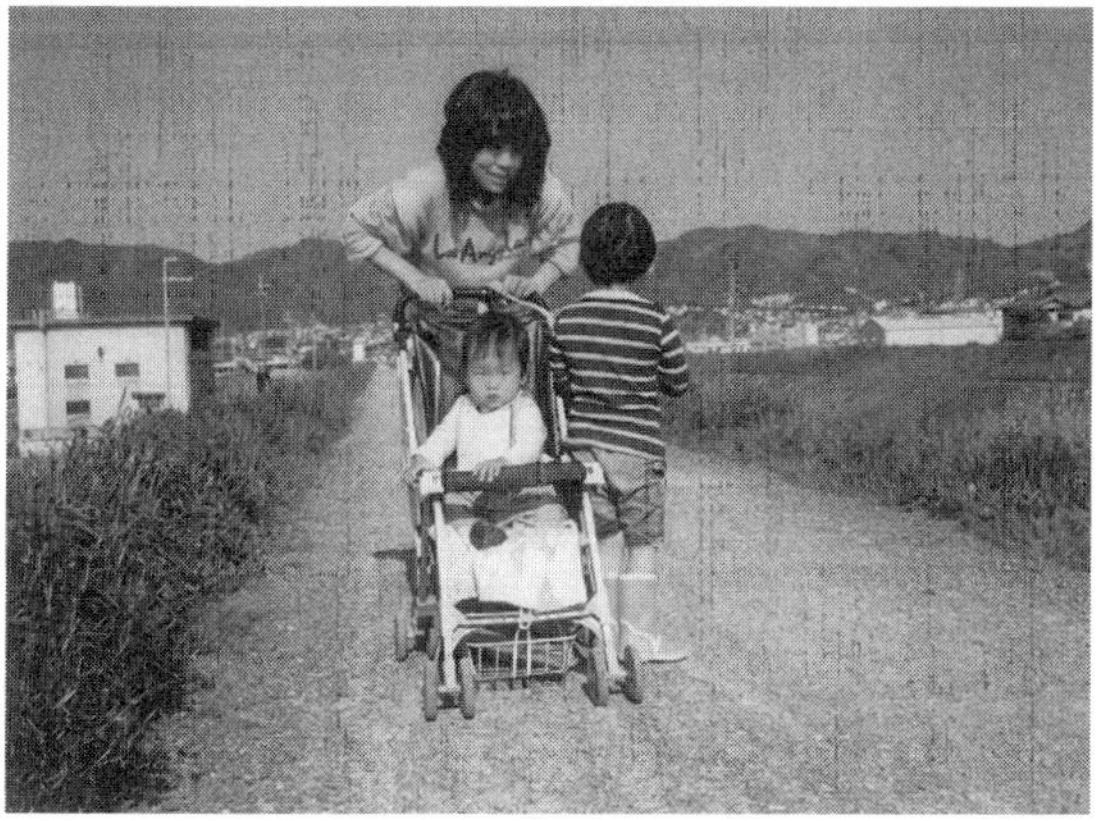

家族で宇治川添い散歩
兄U（3; 11, 6），弟Y（1; 10, 29）

《著者紹介》

麻生　武（あさお・たけし）

1949年生まれ
1972年　京都大学理学部卒業（主として数学を修める）
1974年　京都大学教育学部卒業（心理学専攻）
1982年　大阪市立大学大学院文学研究科後期博士課程単位取得満期退学
　　　　博士（文学）（大阪市立大学）
現　在　奈良女子大学名誉教授
主　著　『身ぶりからことばへ』新曜社，1992年
　　　　『ファンタジーと現実』金子書房，1996年
　　　　『子どもと夢』岩波書店，1996年
　　　　『乳幼児の心理』サイエンス社，2002年
　　　　『発達と教育の心理学』培風館，2007年
　　　　『「見る」と「書く」との出会い』新曜社，2009年
　　　　『〈私〉の誕生　生後２年目の奇跡Ｉ・Ⅱ』東京大学出版会，2020年

兄と弟の３歳　仲間の世界へ
日誌的観察記録から

2021年10月30日　初版第１刷発行　〈検印省略〉

定価はカバーに
表示しています

著　者　麻　生　　武
発行者　杉　田　啓　三
印刷者　江　戸　孝　典

発行所　株式会社　ミネルヴァ書房
607-8494　京都市山科区日ノ岡堤谷町１
電話代表（075）581-5191
振替口座 01020-0-8076

共同印刷工業・藤沢製本

ISBN978-4-623-09198-0
Printed in Japan